Alphonse Germain

Pour le Beau

ESSAI DE KALLISTIQUE

Eau-forte d'Alexandre Séon

PARIS

Edmond Girard, Éditeur

8, RUE JACQUIER, 8

POUR LE BEAU

Tiré à 200 exemplaires,
dont 25 sur papiers de luxe, numérotés :

5 japon impértal;
20 vergé des Vosges.

N°

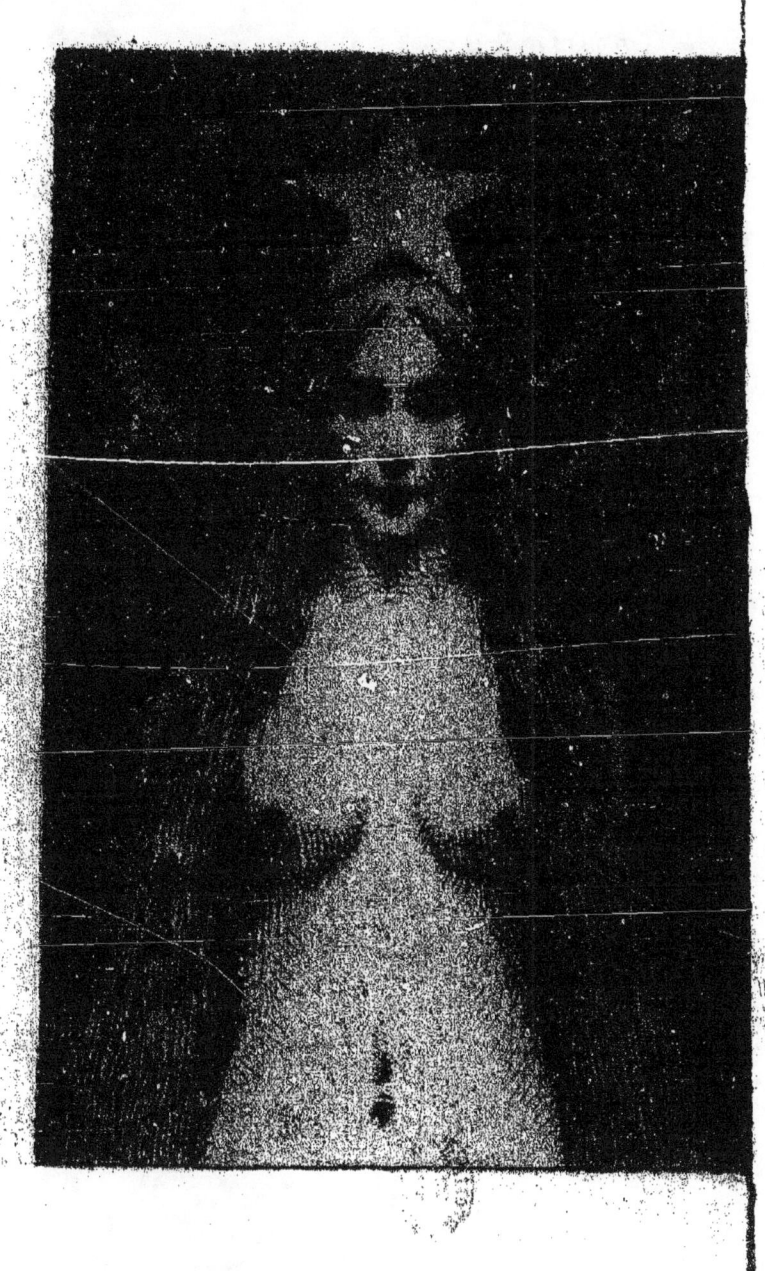

Alphonse Germain

Pour le Beau

ESSAI DE KALLISTIQUE

Eau-forte d'Alexandre Séon

PARIS

Edmond Girard, Éditeur

8, RUE JACQUIER, 8

A

ALEXANDRE SÉON

en belle affection,
en communion esthétique,
en respect discipulaire,

Je dédie cet essai.

ALPHONSE GERMAIN

TABLE

	Préface	9
I.	Modernisme	13
II.	Le chromo-luminarisme.	21
III.	L'idéalisme-idéisme	29
IV.	Les déformateurs.	39
V.	Le réalisme.	42
VI.	L'art et l'enseignement supérieur. . . .	46
VII.	L'art et la religion	55
VIII.	L'art et l'exotisme	61
IX.	Du décoratif et de l'ornemental	68
X.	La sculpture décorative.	81
XI.	La décoration de l'intérieur	87
XII.	De la décoration au théâtre	96
XIII.	De l'idéal	101
XIV.	Du Beau	109
XV.	L'éducation esthétique	115

Achevé d'imprimer par Edmond Girard
le 15 avril 1893.

PRÉFACE

> Nous ne devons pas craindre de chercher la vérité, même aux dépens de notre amour-propre. Il faut que quelques-uns s'égarent, pour que le plus grand nombre trouve le bon chemin.
> *Winkelmann.*

L'art, manifestation de Dieu, je le dis une Religion, la religion du Beau, que révèlent les Maîtres de génie. Mais pour l'art, comme pour Dieu, certains mécroient à la Révélation. Ces hommes, le mauvais esprit d'orgueil les pousse à nier le culte reconnu, ils ne dressent de nouveaux autels qu'afin d'y graver leur nom, ils n'instaurent un rit que pour la glorification de leur personnalité, et voilà, les sophismes captieux de ces insanes fascinent toujours la masse, car, depuis l'originel péché, l'homme connait, hélas! la nausée de l'Eurythmie. Par moments, il se lasse du spectacle de cette mer étale qu'est l'Harmonie, de ce Beau *sans plus de saveur que l'eau pure*; et il éprouve alors le besoin de s'insurger, titan puéril, contre ce qui ne peut pas ne pas être.

« Tous les peuples, a dit Schiller, doivent se séparer de la nature par le sophisme avant d'y être ramenés par la raison ». Combien vrai! Le sens du Beau, notre race qui ne l'eut jamais très développé, en est presque dépourvue aujourd'hui qu'elle vieillit et s'énerve, déséquilibrée par l'incroyance. Car ce qui est en bas est comme ce qui est en haut, un manquement à la Norme en entraîne un autre; qui commence par douter de Dieu finit par perdre toute logique, partant toute notion de l'Harmonie, cette logique des arrangements et des rythmes. Les artistes! Comptez-les en la cohue des ouvriers sculpteurs et peintres. Ironie! Ce sont ceux-là mêmes s'affectionnant le plus à l'harmonie par les directions linéaires qui abandonnent la Mesure et se rient de la belle forme!

Or, — parce que, plus que jamais, le Dogme d'Art est méconnu, sa doctrine incomprise; parce que, plus que jamais, les expositions sont assaillies par les médiocres qui, sous une inscription au catalogue, s'imaginent masquer leur snobisme; — ce plaidoyer *devait* être écrit. Mauvais ou bon, un livre, ainsi conçu, est une lumière. En le chaos actuel, verra-t-on mon modeste fanal? Je ne m'illusionne guère à ce sujet. Mais aujourd'hui n'est pas demain, et quand demain serait pire, qu'importe?

Si l'Art, évoluant sans cesse, se protéise en ses manifestations, son Essence est Une, immarcescible comme inamissible, et ses lois immuables défient tout assaut des anges des ténèbres. De même que la production du sol, de même que les modes des humains, les écoles passent, et avec elles les engouements irréfléchis; il ne reste que les œuvres, et le Temps les classe selon la hiérarchie. En vain des êtres, nés pour le négoce ou la prostitution, encombrent la carière sainte, ne tolérant qu'un genre, *le lucratif;* en vain des égarés s'efforcent à commettre un art défi du Normal. A ceux qui se moquent de l'art, l'art le rend avec usure. En vain les hérésies renaissent, quelque apôtre surgit, et l'Art finit toujours par triompher. Que celui qui croit à sa mission y obéisse, qu'il sème des idées, qu'il sème par le verbe, Dieu fera le reste quand il en sera temps.

CHAPITRE I.

MODERNISME

> Sans doute, l'artiste est le fils de son temps, mais malheur à lui s'il en est aussi le disciple, ou même le favori.
>
> *Schiller.*

Rejeter comme impure et pernicieuse la doctrine académique, décision louable; mais englober le classique dans la même réprobation, cela touche à l'inconscience. Parce que l'École fait dessiner bêtement une pose bête, faut-il pas supprimer l'étude du nu? Ainsi pourtant raisonnent de prétendus modernistes et les hyperboliques de l'innovation; pour ne point paraitre académiques, les uns photographient, les autres escamotent les difficultés.

Prétendre à l'art en niant le classique, autant chercher la Lumière loin de Dieu.

Car le classique, c'est avant tout le respect des lois Naturelles, de la Tradition correspondant à nos aspirations esthétiques, ethniques et c'est, au moyen d'un choix d'heureuses proportions, créer un anthropomorphisme, non pour le vain orgueil de réaliser une plastique animalement belle, mais pour refléter l'Infini, exprimer un peu de l'Absolu, de l'immanente Beauté. Le classique, excellemment défini par Hegel « l'accord parfait entre l'idée, comme individualité spirituelle et la forme, comme sensible et corporelle », mérite mieux que la désignation de seconde forme de l'art, car ce que l'esthéticien d'Heidelberg appelle, d'après l'optique de son temps, le *romantique*, n'est que le classique sublimisé par le Christianisme. Disons que le classique est l'Art et le divisons en deux périodes : *païenne* (son expression *plastique* la plus pure) et *chrétienne* (son expression *intime*, *psychique*).

Certains, — tout parait jaune aux ayant la jaunisse, a dit Lucrèce, — certains confondent le classique avec sa pitoyable caricature, le normalien de la villa Médicis.

Pour le classique, pas d'art sans Foi, sans dévotions au Beau, sans communion entre l'artiste et la Nature. Pour l'académique, l'art tient dans le Métier. Le classique, humain, admet autant d'interprétations des lois d'Harmonie qu'il y a de tempéraments. L'académique, orthopédiste, érige une manière en dogme. Le classique suit la Tradition, il interprète la Nature. L'académique obéit à une convention, il répète les tableaux de musées. Les académiques!... êtres dégénérés qui s'évertuent à porter l'armure de lointains ascendants; sacristains parés d'ornements sacerdotaux: conservateurs de hiéroglyphes dont l'ésotérisme leur échappe. Non, non, ils ne connaissent pas les extases des vrais Inspirés, ces sans yeux pour l'Invisible.

L'Initiation aux Lois d'Harmonie, cette grâce, Dieu la réserve aux Génies, ses Élus, mais quiconque naît artiste en possède l'intuition ; c'est, aberrés par une mauvaise éducation, que beaucoup les mal appliquent. « Je fais comme je sens », disent-ils. Sage épiphonème; par malheur, lorsqu'ils l'énoncent combien ne subissent pas déjà l'esthésie (1) d'autrui. Maints talents originaux

---

(1) *Esthésie*, faculté de sentir. Du mot *esthétique*, qui implique raisonnement.

manquent de souffle pour s'élever au classique, mais
citez-moi un artiste vraiment équilibré, partant supérieur,
qu'on n'y puisse rattacher, au moins par une œuvre.
Corot a *la Compagnie de Diane*, Millet *les Glaneuses* et
Manet *l'Olympia*. Ceci, dans l'espoir de prouver aux
intéressés que rompre avec l'académique insuffit pour
sacrer artiste; ne pas être voyou, est-ce être distingué?

Si des divergences techniques séparent les Jeunes, si
les uns réservent leur admiration à l'acrobatique habileté de patte, tandisque rien n'existe pour les autres en
dehors de la photogénie, presque tous s'unanimisent à
traiter de préoccupation inférieure l'arrangement et le
choix. Le geste! qu'importe, dogmatisent ceux-ci. L'attitude! gouaillent ceux-là, mais c'est le modèle qui la donne
et quant à la composition... souci d'ancêtres. Fors le
morceau, pas d'art! Largement empâtée dans le sens de
la forme, une botte de carottes, (la si fameuse!) vaut
la Joconde, et telle poterie de Vollon l'emporte sur *l'école
d'Athènes*. Et ils exaltent le métier, comme si l'art
naissait du procédé, et du tempérament ils font presque
un panthée.

Eh! le tempérament, ô piètres logiciens, ne consiste
pas en la faculté de donner l'illusion de la forme au
moyen de la pâte. Il ne s'affirme pas seulement par l'intense ou subtile vision des choses, mais avont tout par
le don de communiquer à son œuvre un peu de ses
intimes perceptions, d'y imprimer le sceau d'une personnalité, ce caractère — en dehors de toute technie —

---

on a quelque peu abusé. L'esthétique désigna d'abord la science de la sensation
et du sentiment, puis on en fit le synonyme de *philosophie de l'art*. Je crois, avec
Hegel, que kallistique convient mieux pour signifier la partie spéculative des
arts du dessin. Entendons par esthétique l'ensemble des principes d'art d'un
artiste et surtout sa compréhension du Beau. Tous les artistes ont une esthésie,
comme la bête a son instinct, beaucoup ont une théorie technique, quelques-uns
seulement ont une esthétique.

qui devient comme la signature de l'artiste. Ceux qui apprirent à voir la nature dans les tableaux des siècles passés, ceux qui, influencés par la manière d'un maître, ne voient plus par leurs propres yeux; ceux-là, recommenceurs ou imitateurs, malgré savoir et habileté, ne sont que des reflets, des hétéronomes plus ou moins serviles. Ah! ils ont formé une intéressante génération, les préconisateurs du *tempérament peintre!* L'art leur doit tout un monde d'êtres vulgaires, à l'idéal de rustres, qui se mêlent de peindre, se croyant une vocation parce qu'ils savent entoiler une académie ou exécuter le trompe l'œil d'une citrouille. Pour leur indéhiscence d'esprit, tout est dans le fameux don d'empâter. Les grimauds qui tentent de régenter l'art à copier les ont abâtardi. S'imaginer que le métier remplacera le *mens divinior*, que, devant une toile exécutée de sang-froid, vibrera le spectateur; croire qu'un modèle va vous poser votre rêve!... Photographes!

Croire que les maîtres ont rendu platement ce qu'ils virent, erreur grossière. Velasquez a pris son *Jacob* parmi la multitude, d'accord, mais, n'en déplaise à M. Henner, ce n'est pas le loqueteux qui a inspiré un Jacob à l'artiste, c'est l'artiste qui a transfiguré le loqueteux.

Si votre travail dépend d'une rencontre fortuite, vous pouvez faire un bon tableau, une œuvre jamais. Bastien-Lepage, en fournit la preuve concluante; sa *Jeanne-d'Arc* n'est qu'une bergère et quant à ses paysans... oh! C'est la vie, objectez-vous? — Eh! bien et les *glaneuses* de Millet, n'est-ce pas la vie dans son intensité? mais quelle interprétation grandiose! Auprès de cette synthèse, les *foins* donnent l'impression d'un graphique à côté d'une fresque Michel-Angesque. Croire l'art possible sans le style et le croire au moment où la reproduction permet de comparer les merveilles du passé, d'en tirer un enseignement fécond! Avec quels yeux nos quelconquistes regardent-ils donc les œuvres des Maîtres?... S'ils les regardent?.

En abaissant la peinture à la portée des amateurs, les théories, — les aberrations esthétiques plutôt, — empruntées au photographe des Rougon-Macquart, ont fait autant de mal à l'Art que les théâtralités du *pompiérisme*. Saisir sur le vif n'importe quoi et clamer : Je fais *nature*, donc *moderne*, — ineptie. C'est en vérité, remplacer l'étude d'atelier par la pochade en plein air, et nos sectaires du réalisme ne se dépêtrent du poncif que pour choir dans l'instantané.

Eh quoi! vous blaguez vos aînés parce qu'ils copiaient dans les musées, et vous, sur nature, ne voyez qu'à copier; où se trouve matière à poème, vous ne savez prendre qu'un signalement! Du jeu de muscles, suggéreur d'attitudes, vous ne pouvez tirer qu'un effet *cabotin*! O tachygraphes! Quel vent de prosaïsme tarit en vous toute sainte émotion?

Autre funeste effet des arguments en faveur, on néglige les fortes éducations techniques, l'anatomie ne plait guère et la perspective ennuie, ce n'est pas assez *peintre*, on ne sait disposer deux figures à leur plan, ni respecter leur mesure, et a-t-on besoin d'un mouvement qui ne se peut poser, il faut le demander à l'instantané. Voilà ce qui trivialise la production de nos prétendus modernistes et lui donne l'apparence *illustration peinte* ou *panorama*. Rompre avec le passé!... Les études sérieuses effrayent, voilà, en dépit des ergotages, ce qui éloigne du classique. Démocratisés, eux aussi, les artistes ne veulent plus gagner leurs grades. Tout noviciat leur pèse.

Enfin, la grande erreur de ces manouvriers de la palette, c'est de se figurer le Beau incompatible avec le modernisme, ou plutôt le Beau leur semble à laisser aux anciens. Ce mot dont ils ne comprennent plus le sens, le Beau, et que la Tradition leur représente corrélatif de l'Art, ce mot, ils sont las de l'entendre; ainsi le mot *juste* appliqué trop longtemps à l'intègre Aristide agaçait le rustaud de l'Attique, précurseur de nos démocrates.

Vraiment le Beau les lasse, ces jeunes injuvéniles, et ils trouvent suranné cet indéfectible! N'est-ce pas plutôt l'aveu de leur impuissance à l'interpréter d'une nouvelle manière?

Trop habiles que fait se pâmer le trompe-l'œil d'un chaudron, maldoctes qui vous confinez en la peinture d'ombres chinoises, ô vous! n'invoquez ni le modernisme, ni la recherche de sensations inédites. Être de son temps, c'est traduire les éternels concepts avec une esthétique caractérisant quelque état d'âme de son temps, avec de nouvelles technies, de plus subtiles nuances, — seule innovation plausible, car vouloir toucher à l'Essence, témérité d'Icare; — bref, œuvrer sans *ressemblances*, non sans *liaison* avec le passé. Les plus émotionnants, les plus au-dessus de la réalité, ont toujours été ceux qui savaient le plus, aussi Puvis de Chavannes est-il autrement plus moderniste que M. Roll.

Être de son temps ne consiste pas seulement à représenter des gens de son temps, il ne suffit point, pour moderniser, de mettre sur toile les récentes gravures de modes ou de *statufier* nos travailleurs. On peut faire très *pompier* un frac ou une cotte, les Salons le prouvent chaque année, et c'est commettre un anachronisme que rappeler telle ou telle école antérieure, comme M. Carolus Duran qui espagnolise les parisiennes, ou comme M. Gervex qui équarrit des redingotes avec les brosses de Cabanel. Il n'y a pas davantage un nu moderne, il y a le nu de race et le nu idéalisé.

L'artiste n'est complet, que si les deux principes, actif et passif, s'équilibrent en lui. Très influencé par l'ambiance, puisqu'instinctif impressionnable, il ne doit pas la refléter, tel un appareil réceptif; mais réagir sur elle; mâle, pour lui imposer son vouloir, ariste, sa supériorité. Il y a échange fluidique entre la foule et l'artiste, les impressions que celui-ci reçoit de celle-là, il doit les lui rendre esthétisées. Les idées à l'état embryonnaire dans le collectif, à lui de leur donner une forme, une vie et un peu de son moi.

Vous ne serez *moderne* qu'en exprimant dans la moindre figure, dans la plus commune tête, et *ce* avec un procédé bien à vous, le caractère de race et celui de contemporanéité. Un geste, un contour, une silhouette, un rien l'indique, mais est seul Artiste qui sait tracer ce rien. Aussi, le moderniste par excellence est-il Félicien Rops, observateur térébrant et déshabilleur d'âmes, dont le burin ironiste a stylisé jusqu'au pervers et aux laideurs morales de l'actuelle Société.

MM. Degas, Renoir, Besnard, Carrière, Raffaëlli, Forain, Chéret, Willette, Baffier ne montrent, à l'instar de Manet, que le côté anecdotique de notre milieu. Séduits par le curieux, l'exubérant de la vie, ceux-là se cantonnent en le pittoresque des choses en la représentation du tangible. A côté de cet art, où tout annaliste ou tout fantaisiste, autre chose est à essayer. Si la vie moderne manque de poésie, elle présente encore quelques côtés décoratifs; en les luxuosités mondaines, par exemple, en le costume féminin de si afférente élégance, que de matériaux à puiser pour réagir contre le canaille et le terre-à-terre!

CHAPITRE II.

LE CHROMO-LUMINARISME

> Mettre en harmonie la couleur propre de l'objet et celle de l'espace dans lequel il est placé, tel est, sans doute, le but que l'artiste doit poursuivre; mais une autre connaissance lui est également nécessaire, celle du rapport des couleurs avec le sentiment.
>
> Gœthe.

La lumière, hantise des peintres contemporains, Puvis de Chavannes, décorateur inné, la chercha par le *clair diffus;* tandis que Manet, plus *peintre,* tentait, après Delacroix, (1) d'obtenir par une rudimentaire division du ton *la couleur dans la lumière.* Son héritage, les impressionnistes de la première heure, — Cl. Monet, C. Pissarro, Sisley, — le recueillirent, mais plus épris de ta-

---

(1) Il n'y a pas qu'un impressionnant dramaturge et un décorateur superbe en l'auteur de *la lutte de Jacob avec l'Ange,* et les plus documentés de nos picturographes n'ont point suffisamment indiqué le sagace technicien qu'il fut et la salutaire influence qu'exercèrent ses recherches sur la génération actuelle. L'application à la peinture des observations physiques le préoccupa toute sa vie, non pas qu'il ait rêvé d'enclore un dogme en une théorie, ce génial avait de son art une trop haute idée; mais justement pour cette raison, ses efforts tendirent à laisser le moins possible au hasard. Quelle plus éclatante preuve que le savoir peut sans dissonance s'unir à la fougue d'un tempérament. Sa première toile, Delacroix l'exécuta sous l'influence de Géricault, cela se devine rien qu'à la large facture de la forme; mais, dès *le Massacre de Scio,* son ipséité s'affirme, la touche est sacrifiée aux colorations et, encore que timide, son essai d'harmonier par les complémentaires ajoute déjà à l'émotion de ses drames. Tacher des panneaux devant *les Noces* de Véronèse ne contente plus ce scrupuleux, évidemment. Dès

cher devant nature que de raisonner spéculativement, ces paysagistes ne poussèrent pas plus loin leurs investigations.

Se prédilectionner au fugace des effets de nature, s'astreindre à ne donner que l'impression des choses! Voilà, ce semble, pour engendrer un art décoratif idéalo-poétique. Tout autres furent les préoccupations de ceux que le vain public, se méprenant sur les apparences comme toujours, taxa d'impressionnistes ; leur désir dominant fut de traduire, avec le plus de vérité possible, la lumière du plein-air, ils n'échappèrent à un réalisme que pour échouer dans un autre.

Vint Seurat. D'abord enthousiasmé par Ingres, notre novateur trouva son chemin de Damas devant les hachures de la chapelle des Saints-Anges ; mais avant de s'élancer à la conquête de la lumière colorée, il voulut connaître tout ce que la physique enseigne aux peintres et refit son éducation, étudiant sur nature après avoir interrogé les traités. Las ! les traités n'absorbèrent que trop sa pensée, et le réalisme qui l'agrippa n'était pas pour l'arracher à leur terrible emprise.

---

lors, ses investigations, — Ch. Blanc en narra la genèse, — portent de plus en plus sur le contraste simultané des couleurs ; il en obtient bientôt de prestigieux résultats ; primaires, binaires et leur gamme deviennent sous ses brosses comme les dactyles et les spondées de ses poèmes et, dans *la Barque de Don Juan*, dans *l'Entrée des croisés à Constantinople*, éclate sa maestria. Désormais, il SAIT. Alors une nouvelle préoccupation le hante, cette lumière dont, peintre de race, il poursuit la conquête, puisque le mariage des complémentaires ne réussit guère mieux que les vibrances de palette à la fixer sur sa toile, il en va demander les moyens de capture à la division du ton, oh! rudimentaire, et à ses dégradations fulgides. L'expérimentation tentée sur les fresques de Saint-Sulpice ne produisit qu'une intense harmonie versicolore ; ce fut assez néanmoins pour révéler à qui savait voir la route du Lumineux. Paganini de la couleur, maître ès clairs-obscurs, Delacroix ne fut que coloriste ; ces dégradations lumineuses, cette observation des valeurs dont il rendit si bien nuances et délicatesses dans ses lithographies pour *Faust*, s'il n'arriva pas à en collustrer sa peinture, il a du moins — et le premier de tous les modernes, — le mérite de l'avoir tenté.

Cet aphorisme vieux au moins autant qu'Héraclite : la conciliation des contraires est une harmonie, — Chevreul l'avait reconnu des plus applicables aux couleurs; Seurat partit de ce principe pour édifier sa théorie, — qui devint celle d'un cénacle, — sur le contraste simultané des tons et des teintes (1). (Le *ton* étant défini : une somme d'intensité lumineuse, ou telle modification qu'une couleur peut subir pour produire le clair et le sombre; la *teinte* : toute couleur spectrale et sa complémentaire, ou plus scientifiquement : le degré de réfrangibilité, la longueur d'onde de la lumière).

Un peu plus tard, Seurat et son collègue, M. Signac, un épris de physismes, — très séduits par le *Rapporteur esthétique* de Ch. Henry, ajoutèrent à ces contrastes de colorations, — afin d'en renforcer la valeur sensationnelle, — le contraste des directions de lignes.

Les jeunes novateurs étaient trop influencés par les impressionnistes pour ne pas rêver l'interprétation d'une heure déterminée du jour, sinon sans arbitraire, du moins sans illogisme. Toutefois, s'ils se passionnèrent pour les observations scientifiques, ce fut surtout, Seurat le disait, dans le but d'arriver méthodiquement à l'harmonie picturale par la lumière colorée, aussi l'épithète de *chromo-luminaristes* m'a-t-elle paru leur convenir mieux que toute autre.

Mais si les couleurs complémentaires s'exaltent par

---

(1) La loi des complémentaires a été si souvent expliquée que la rappeler ici me semblerait fastidieux. Si elle est insuffisamment prouvée, ainsi que le soutiennent quelques savants, malgré le *shistoscope* de Brücke, qu'importe aux artistes, puisque cette loi cause réellement l'harmonie pour notre œil; qu'ils la considèrent comme un postulat, voilà tout. Pour détails circonstanciés touchant le contraste simultané sur les valeurs de tons, consulter Gœthe qui, le premier, a traité de ces matières (*théorie des couleurs*, dont d'importants fragments ont été traduits par Fèvre : *analyse raisonnée des œuvres scientifiques de Gœthe*) et Chevreul (*loi du contraste simultané des couleurs.*)

leur *juxtaposition*, elles s'annihilent par leur *mélange;* distribuées en égale quantité, elles ne produisent qu'un gris terne et incolore. Déjà donc, la division du ton s'imposait, et à l'exclusion de tout mélange pigmentaire, pour conserver aux taches leur pureté, leur éclat (*luminosité*). Argument non moindre d'importance, M. Rood fait remarquer qu'en de nombreux cas, les peintres ne peuvent appliquer directement leurs combinaisons de palette à l'interprétation des effets chromatiques produits par la nature, puisque ceux-ci dépendent souvent en grande partie du mélange de faisceaux de *lumières* de couleurs différentes. Or, toujours selon le savant américain, la seule manière pratique de mêler réellement en peinture, non pas des matières colorantes, mais des *faisceaux de lumière colorée*, c'est *la division du ton*, moyen précieux se prêtant bien à l'expression de la forme, à condition de ne le pas trop régulariser.

La pureté étant l'absence de lumière blanche ou de la sensation du blanc, Seurat résolut de n'employer que les couleurs données par le spectre solaire, et il ne rompit leur ton franc que par la dose de blanc indispensable à la dégradation des teintes (c'est le *dosage des tons*, dont le maniement exige une virtuosité servie par un œil trés doué). Donner l'impression de la *couleur* des objets par un rapprochement des complémentaires, rien, en somme, de plus aisé, de nombreux peintres l'avaient fait instinctivement; le difficile était de causer en même temps l'impression de *la lumière* reflétée par ces objets. Dans ce but, Seurat imagina une juxtaposition de taches correspondant, qui *au ton local* du relief à représenter, — qui à *la lumière solaire*, qui *aux reflets accidentels* influençant ce relief par leurs colorations et les dégagements de complémentaires de celles-ci. Ainsi les taches que Delacroix assemblait harmoniquement sur ses toiles comme autant de fleurs, Seurat, mieux renseigné par les découvertes physiques, les présenta subissant toutes les décompositions occasionnées par la lumière éclairante, et la toile ainsi recouverte n'eut plus l'apparence constellée d'un bouquet, elle devint une orchestration de taches dont le mélange, *mélange optique*, devait se faire dans l'œil du spectateur.

Toutefois, mélange optique n'implique pas fatalement coloration, puisque sur une surface blanche, autour d'une intensive luminosité se dégage une dégradation lumineuse subissant l'influence de tout entourage *non coloré*. Des effets photogéniquement dégradés en blanc et noir causent donc aussi mélange optique. (Exemple : les gravures de Rembrandt.)

* *

Ptolémée avait entrevu un mode rudimentaire de mêler les faisceaux de lumières; les peintres de l'antiquité en ont-il tiré parti? aucun auteur n'en parle et, sur les fresques retrouvées à Herculanum et à Pompeï, on remarque autant d'indications par masse que par hachures (*incisuræ*).

Chez nous, l'emploi du ton fragmenté n'apparaît manifeste qu'en les dernières fresques de Delacroix. Relativement aux méthodes, il n'en existe pas d'antérieure à celle de Mile (1839) qui recommandait de diviser le ton au moyen de lignes parallèles ténues. Les chromo-luminaristes, après plusieurs expériences, ont adopté le pointillage, parce qu'au recul, toute facture disparaît en quelque sorte et l'œil ne reçoit plus l'impression que de faisceaux chromo-lumineux. Mais cette impression, résultat qui condamne la technie, n'est *physiquement* obtenue qu'au détriment de la perspective. En appliquant à *toutes les formes* l'action du contraste simultané spéciale aux figures rectilignes (1), en négligeant l'étude de cette action *sur la sphère*, les diviseurs du ton, malgré les plus habiles dégradations de teintes, ne donnent aucune sensation de reliefs, de modelés.

Un tel système, charmant appliqué à l'art ornemental, (tapisseries, tapis, étoffes, broderies,) peut à, la rigueur s'admettre en le paysage mais ne saurait convenir à la figure. Seurat s'en aperçut bien, il venait, lorsque la mort interrompit sa tâche, de renoncer *par places* au contraste *simultané* des tons pour s'en tenir à leur contraste *successif* (luminosité et sa seule réaction complémentaire : l'ombre) (2).

Quelques diviseurs du ton attachent aussi, à l'exemple de leur initiateur, une très grande importance *harmonique* aux directions de lignes et à leurs contrastes rythmiques. M. Charles Henry qui établit les lois de ce moyen si multiplement, si décorativement expressif, est par eux consulté avec ferveur, mais en vain. Là encore, leur idiosyncrasie les retarde; car enfin, si, après l'étude théorique du mécanisme des directions, ils avaient regardé dans les œuvres des Maîtres, — de Michel-Ange entr'autres, — l'application qu'en firent ces géniaux intuitifs, auraient-ils tracé ces directions *géométriquement?*

---

(1) Chevreul pensait que le contraste simultané ne se produit que sur des plans et nulle observation de physicien n'a encore, que je sache, démontré le contraire.

(2) Les derniers fidèles commencent de se répéter et, comme ils ne font pas d'adeptes, le mouvement dénommé néo-impressionniste semble accompli, et avec

*
* *

Ainsi pour les chromo-luminaristes, ces passionnés de théorèmes, la couleur n'est que matière à dosage de tons concourant à une harmonie générale, belle en soi, mais qui ne rime à rien, d'où des tableaux sans autre intérêt que celui de savantes opérations. Thèse inadmissible, car les mêmes calculs se prouveraient, et avec le charme ou l'émotion en plus, au moyen de l'œuvre esthétique. Se persuader que des colorations exponentielles sont un pantacle d'art, que des lignes géométriques vont, par leur simple direction, suppléer au geste, à l'arabesque; où peut entraîner un système !

De déductions en complications, ils en arrivent à œuvrer avec des concepts d'ingénieur ou de prosodiste par la métrique envoûté; c'est trop se soumettre en bon élève aux prescriptions des physiciens et des mathématiciens. Élire une belle lumière, de belles colorations! et dédaigner la belle forme, le bel arrangement! quel solécisme esthétique! Qui stylise, spiritualise et pérennise l'œuvre, sinon la forme? La couleur ne lui est que subsidiaire, — parure rehaussant l'éclat d'une beauté naturelle. Plutôt renoncer aux directions de lignes qu'en abuser au détriment du galbe, car alors elles ne soulignent, ni ne renforcent un effet, elles l'exagèrent et l'harmonie en souffre. Que de non-sens lorsqu'on couche l'art sur le lit de Procuste d'une formule! Séparer le dessin de la couleur équivaut à la castration de l'art; du moment qu'un peintre ne possède qu'une insuffisante connaissance de la forme, il y a déséquilibre en lui,

---

lui l'évolution réaliste, car la théorie de Seurat, telle qu'elle a été appliquée, comptera comme un avatar du réalisme, — le plus original.

quelles que soient ses qualités picturales, il ne produira jamais rien de supérieur.

L'opposition des complémentaires n'est qu'une merveilleuse lyre, tout dépend de la façon dont on en joue, et la plus suggestive orchestration chromatique ne constitue pas l'art figuratif, mais seulement *un* de ses moyens expressifs. S'en tenir là, c'est entasser des matériaux pour les autres, rien de plus. L'harmonisation picturale, la couleur dans la lumière! N'en exagérons pas l'importance, ces raffinements précieux ajoutent au patrimoine conquis, voilà tout, et les théories, les découvertes ne peuvent avoir d'autre rôle, aucune n'infirmera jamais les principes immuables de l'Esthétique; au service d'un thème qui viole ces règles, d'un motif sèchement tracé en problème, la plus subtile vision ne rend que mieux évident l'incomplet d'une innovation, — diamant sur corsage de bure. Dès que l'art et la science se trouvent ensemble, celle-ci doit le céder à celui-là; un poète se conçoit-il qui, sous prétexte de réformer la versification, bannirait la poésie?

CHAPITRE III.

L'IDÉALISME-IDÉISME

> L'art est fils de la liberté et il veut recevoir la loi, non de l'indigence de la matière, mais des conditions nécessaires de l'esprit.
>
> *Schiller.*

En le concert des peintres contemporains, devait venir l'*Artiste* qui, fervent du Beau, entreprendrait de syncrétismer les découvertes récentes et les préceptes de la Tradition. A Séon le périlleux honneur d'assumer la tentative. Tandis que la plupart s'acharnent à matérialiser la peinture, lui, féal à la Norme, œuvre idéalistement et, le premier parmi les jeunes (enfin!) affirme le noble vouloir de réagir malgré l'hostilité du nombre, contre les trivialités du réalisme et le goût perverti de l'ambiance. Retour à l'Élevé et aux lois de Nature qui ne l'empêche en rien de s'intéresser aux investigations techniques.

La couleur, dit-il volontiers, à peine en faut-il rehauser les parties situées entre l'ombre et le clair; seule, la Lumière importe; et certes, peu la vénèrent autant que lui. Mais, pour posséder les modernes physiciens, cet idéiste n'oublie pas l'Esthétique et, aussi loin du poncif de l'école que des gangues naturalistes, il s'ordonne de présenter son rêve dans un décor harmonieux.

Très versé dans la géométrie et la perspective, il remarqua de suite combien toute uniforme division du ton nuisait à la structure des reliefs. Chevreul, objecte-t-il, a fait ses recherches de contrastes *pour des étoffes*, par conséquent *sur une surface plane;* qui se borne à redresser ce plan cause fatalement l'impression de verticalité des crêpons japonais, la forme y perd son modelé, l'espace sa profondeur. Afin d'obvier à ces inconvénients, et toute disproportion, toute monotonie de facture choquant sa rétine délicate, Séon, après d'attentives observations sur les sphères colorées, imagina la dégradation *perspective* du ton.

La Lumière! Rembrandt qui en a joué en virtuose lui fit toujours spiritualiser la matière, voilà ce qu'on oublie trop. Tout n'est pas fini lorsque l'artiste sait ce qui reste de coloration sous une radiance éclairante; au contraire tout commence, Séon n'en douta jamais. Pour ce subtil, les multiples nuances des couleurs spectrales, et du blanc qui les contient toutes, correspondent avec nos intimes perceptions, nos psychismes; par conséquent, doivent servir à les traduire, à les symboliser sur toile. C'est ce qu'il appelle *le symbolisme des teintes.* « Les couleurs ont des affinités secrètes avec nos sentiments » avait dit Charles Blanc. Rien de plus compréhensible, les sept couleurs prismatiques étant, — ce qui s'oublie trop, — type et analogie des sept Vertus principales de l'Esprit Saint.

La théorie de Séon se peut schématiser en la règle suivante :

Exprimer quelque sentiment par un *geste*, une *attitude;* par *des rythmes* et *une arabesque,* corroborer, *explétiver* ce sentiment; et le rendre affectif au moyen *d'une photogénie* et *de colorations* pertinemment symboliques.

Corporéiser *par des lignes expressives* un symbole, une abstraction, dans un type, autant que possible amplifié à l'archétype; et grâce à une ou plusieurs *nuances* — concordant avec tel de nos états d'âme — homogénéiser ce symbole, cette abstraction, avec le caractère d'un être, afin que rayonne mieux l'idée ou la sensation que l'œuvre doit évoquer.

Observer tout et partout, de préférence dans le peuple, parce que plus sincère en ses attitudes, plus abandonné à ses passions, mais CHOISIR. Tout monter au style, idéaliser tout. MESURER figure et forme; enchâsser sa composition dans une ossature de rythmes décoratifs. Surtout élire luminosités et teintes *en rapport* avec le sujet à traiter, et faire concourir leurs infinies valeurs et nuances à quelque émotion esthétique, quelque sensation passionnelle, sans quoi la plus suave chromatisation harmonique n'est qu'une romance sans paroles.

Considérant enfin comme un devoir le respect des lois d'Harmonie qui régissent la Nature, procéder par analogie et enclore sa fiction dans la vraisemblance; donc prendre la science pour guide sans se rendre l'esclave d'un système.

Présenter lumières et colorations d'après les lois optiques, ainsi se résume sa technie; mettre au service de l'idée ces lumières et ces colorations, telle son esthétique, de même que Millet, il pense que tout art a une langue et qu'une langue est faite pour exprimer sa pensée.

* *

Les premiers panneaux de Séon (*la Chasse* et *la Pêche* — 1881,) par leurs qualités décoratives et leur franchise d'exécution, frappent les compétents et les sensitifs. Quatre ans après, dans l'*Étoile*, son ipséité paraît, bientôt elle s'accuse dans les remarquables fresques qui décorent la salle des fêtes de la mairie de Courbevoie,

surtout dans les quatre motifs du plafond : *Matin d'avril,
Soir de Juillet, Après-midi d'Automne, Vesprée hiémale,*
— cette dernière page hors de pair. Là, quelques teintes
heureusement rapprochées concordent déjà avec maints
sentiments, là se découvre l'embryon de sa théorie. Ce
travail, véritable acte de foi d'un que la nature émeut,
classait son auteur parmi les initiés au langage des lignes.

Puis, l'amoureux du nu précise ses recherches en
s'attaquant au moderne, (*les Fleurs,*) qu'il caractérise par
les formes, le type des personnages, non par le costume.
Et je ne sais pas d'iconographe ayant mieux écrit cette
joliesse un peu mièvre endémique à la Parisienne. Céans,
les directions linéaires venaient en aide aux tonalités
complémentaires ; une toile subséquente, *le Désespoir
de la Chimère* montre les mêmes moyens explétivés
grâce à deux dominantes (de lignes : verticales brisées ;
de teinte : bleuâtre algide). Synthétiser aussi décorativement en quelques linéatures et colorations afférentes
toutes les complexités d'un intellect imaginatif, n'est-ce
point là mieux que promesse de maîtrise?

Mais, c'est en *Jeanne d'Arc entendant les voix*, en *Douleur* et *Vierge orante* que se manifeste vraiment l'éloquence des nuances affectives alliées aux lignes expressives. Ce n'est pas seulement telle théorie qui s'impose par
ces chefs-d'œuvre dont la création suffirait à l'honneur
d'une carrière, c'est le Beau qui triomphe une fois de
plus, de par l'inspiration d'un artiste de race.

Séon, tant à l'aise devant les grandes surfaces, n'est
pas moins ingénieux pour décorer un livre. Ses fron-
tispices pour les éthopées de J. Péladan, pour la *Fin
des Dieux* de Henri Mazel, pour cet essai-ci, autant de
fresques en miniature.

Au lieu de suivre le texte, de s'efforcer à la mise en scène fidèle de l'action et des acteurs; en un mot, au lieu *d'illustrer,* se pénétrer de l'esprit de l'œuvre, enclore cet esprit en sa fiction propre, présenter cet esprit d'après son optique particulière, voilà ce qu'on peut appeler la *décoration* du livre. Alors l'artiste en figuratisme s'égale à l'artiste du verbe, alors il s'élève au rang de collaborateur. En cet art renouvelé sinon créé par Rops, Séon se distingue par l'originalité de ses concepts et de son exécution autant que par son sens de l'afférent. Ce n'est pas lui qui chercherait à crayonner des métaphores et des hyperboles, il atteint à l'expressif sans sacrifier à l'idéisme l'harmonie et la clarté, — car toujours dominé par l'amour de *son art,* et fanatique de beauté *formelle* (1).

De son idéisme, un côté curieux, le fantastique, apparait dans *Écueil,* ce symbole de la féminité, et dans *la Nuit,* cette effigie du pervers. Mystique, il l'est, voyez sa *Muse,* tant au-dessus, (éloge rarement décernable aux dessins d'à présent), tant au-dessus des paraphrases, et ce *Parfum des Fleurs* que profanerait toute exégèse. Qualité peu commune, même s'il se passe de sujet *littéraire,* le poète en Séon ne perd jamais ses droits. Rappelez-vous la *Mer;* cette ode.

Ces teintes fugitives *où l'indécis au précis se joint*, ces ineffables nuances dont se voile la Nature aux *heures mystérieuses,* ces harmonies évocatrices d'au-delà, on les retrouve en maintes toiles de Séon (entr'autres : *le Crépuscule, Soir d'été, Douleur*). Mais ce qui le distingue entre tous nos modernes, c'est son culte du dessin.

---

(1) Formel, elle. Pris dans son sens étymologique : qui tient de, qui a rapport à la **Forme.**

Nul plus que le fresquiste de Courbevoie ne descend dans ce que Balzac appelait *l'intimité* de la forme, et avec quelle dilection il la pétrit, la caresse et la serre jusqu'en ses moindres sanguines! Je l'appellerai *l'éthographe* de la femme, tant il en souligne d'un trait flexible la félinité.

Décorateur, enfin, il le faut dire, et de la plus haute lignée, moins parce que nuanceur idoine, parce que tectoniste (1) harmonieux, que pour avoir compris ces principes de déontologie (2) murale: des concepts idéalistes, des scènes sans date, — *humaines*, et le nu immatériel dans un décor synthétique. (*Les Saisons*, « Mairie de Courbevoie »; *la Rivière*, cette églogue théocritienne; *les éphèbes, les vierges, les mères, les vieillards*, « projets ».)

Certains s'obstinent à des rapprochements étroits entre sa peinture et celle de Puvis de Chavannes, ceux-là n'observent que superficiellement. Entre le maître et le disciple, il n'y a de commun que l'entente décorative et l'amour du paysage. Puvis de Chavannes harmonise en gris, Séon voit de la couleur partout, et son dessin, — ce que trop peu remarquent, — son dessin le classe héritier d'Ingres. Puvis de Chavannes se ressent de l'influence italienne, c'est l'hellénisme qui revit en Séon. Sa recherche de la mesure, son goût pour la pureté des galbes, le soin qu'il apporte à la disposition d'une draperie, la suprématie qu'il octroie à l'expression morphique sur l'expression faciale, tout cela ne se trouve ni dans la statuaire de nos primitifs, ni chez l'auteur du *Bois sacré*, tout cela est d'un grec. Il n'y a pas deux façons d'adapter une peinture à l'architectonique, de là, entre les vrais décorateurs du mur, cette ressemblance tout

---

(1) Tectoniste, qui bâtit, construit, architectonise.
(2) Déontologie, science de ce qui convient. Mot emprunté à Bentham.

objective, cette paronomasie, qui disparait à l'examen. Air de famille, rien de plus, Botticelli, F. Lippi, Luini Puvis de Chavannes, Séon, autant de parents dont l'originalité propre perce sous le type générique.

En résumé, Séon se peut définir : un intensif qui voit subtil, un fécond sachant se varier, — *un rêveur équilibré*. En lui deux êtres : l'Esthète et l'investigateur. L'Esthète réalise avec un goût exquis l'*homo additus naturæ* ; l'investigateur ne cherche pas seulement, il trouve. L'expression extérieure de l'œuvre d'art devait être pour Schelling « l'expression du calme et de la grandeur tranquille, là même où il faut exprimer la plus grande intensité de douleur ou de joie. » Les œuvres de Séon eussent contenté Schelling.

* *

Deux autres artistes représentent avec un très personnel talent l'idéalo-idéisme. M. Khnopff, psychographe charmeur, et M. Carloz Schwabe qu'inspirent le rêve et la mysticité. Peu experts à manier les rythmes et l'arabesque, ils excellent à présenter une figure, à en dégager de l'indicible. M. Khnopff, dont la palette n'a que des tons discrets, enveloppe ses créations de mystère et de troublance, avec une maestria précieuse, et parfois les énigmatise.

A M. Schwabe, on pourrait reprocher certaine tendance abusive à la disproportion et au *littéraire*. Exprimer par le dessin des idées complexes, subtiles, c'est bien, à condition de ne pas franchir les limites naturelles de son art. Vouloir rendre par la ligne ce que les mots seuls peuvent traduire, cela conduit à l'indécoratif souvent, à l'insignification toujours. L'idée qui se prête vraiment à l'interprétation figurative se passe fort bien de développements linéaires, une toile de M. Schwabe même en fournit la preuve ; figurer le *Chant du soir* par des anges qui ascensionnent vers Dieu, — incarnations de la prière, — cela touche et signifie d'autant plus que simple de mise en scène et large d'indication.

M. Maurice Denis se révéla mystique exquis en un *mystère catholique* et poète troublant en ce *soir trinitaire* suggéré par les vers mélancoliques et fébriles de Retté, attendons d'un tel débutant de charmeuses décorations lorsqu'il aura brisé les lisières du cénacle déformateur. M. Andhré des Gachons promet non moins ; cérébral amoureux du féerique, ce moderne imagier a d'heureuses trouvailles et les conte avec ingéniosité en des aquarelles coquettes, mignardes, aériennes. Mais qu'il se tienne en garde contre un laisser-aller fâcheux au joli et à l'innaturel.

En somme, l'idéisme est mieux qu'une réaction transitoire contre le photographisme et le trivial, il ramène à l'idéalisme et apporte en l'art un élément nouveau fertile en thèmes évocateurs à condition d'en user avec tact et goût. « Toute forme, a dit Hegel, n'est pas propre à exprimer toute idée ». Toute idée, tenons-le pour certain, ne se peut enclore plastiquement. Là, l'écueil. Oh ! cette pensée de Wagner : « Chaque art tend à une extension indéfinie de sa puissance, cette tendance le conduit finalement à sa limite, et cette limite il ne saurait la franchir sans courir le risque de se perdre dans l'incompréhensible, le bizarre et l'absurde... »

CHAPITRE IV.

LES DÉFORMATEURS

> L'Art procède comme la Nature, est assujetti aux mêmes lois.
> *Lamennais.*

Désorientés par l'exotisme, dont ils s'assimilent moins l'esprit qu'ils ne pastichent la lettre, les autres novateurs, — à prétentions idéistes et décoratives, — rejettent, avec une sérénité inconsciente, perspective, modelé, dégrations de teintes, valeurs de tons, et, donnant aux jeux de lignes une signification conventionnelle, déforment jusqu'à la laideur sous prétexte de synthétiser et de conserver la sensation originale. Et ils croient ainsi obtenir l'harmonie !

Rien ne justifie l'exclusion de la perspective et la suppression des reliefs, rien, pas même la recherche de haute tapisserie. Un œil occidental vraiment sain sentira toujours la nécessité des dégradations, d'elles M. Ruskin fait avec raison dépendre la valeur et la beauté d'une couleur : « La dégradation, — expose-t-il, — est aux couleurs ce que la courbure est aux lignes; l'une et l'autre paraissent belles à l'esprit humain guidé par son seul instinct, et l'une et l'autre, considérées comme types, expriment la loi du changement et du progrès graduel de l'âme humaine elle-même. »

Quand au galbe, n'en plus tenir compte afin de fuir la mesquinerie du trompe l'œil, c'est sauter d'une hyperbole à l'autre.

Le moins de modelé possible, soit, mais alors, à l'exemple d'Ingres, respectez le squelette, construisez vos figures. Si Michel-Ange, afin d'accentuer ses effets décoratifs, hypertrophia certains muscles, ce fut en se gardant d'enfreindre les lois de l'anatomie, et celui-là avait du génie! Dans un genre qui autorise maintes licences, Daumier montra les mêmes scrupules, son crayon satirique n'a rien déformé qui ne soit *viable*. Que les peintres sans éducation technique sérieuse s'attaquent à ces hardiesses, il n'en résulte rien de présentable; Holbein illuminait d'une âme le plus commun visage, nos déformateurs lignifieraient la plus suave des têtes. Comment le contraire adviendrait-il? Une norme existe que nul ne transgresse impunément; déformer quand l'harmonie l'exige (combien rarement!) — d'accord; mais de parti-pris, et dans le sens du laid, caprice de malade ou gaucherie d'ignorant.

Lorsque les Hellènes de la belle époque parallélisaient, dans certaines figures, la physionomie humaine et des formes d'animaux (têtes de Zeus à configuration léonine, Héraklès à cou de taureau, etc.) leur déformation ne troublait pas la norme harmonique, parce qu'ils obéissaient aux lois de nature. En se donnant pour tâche une déformation antiphysique, nos jeunes déformateurs semblent les interprètes d'une race dégénérée, agonisante; autant pourtraire des fœtus ou illustrer des atlas tératologiques.

A ceux qui vécurent à l'aurore d'une race, réduits à d'inévitables tâtonnements ou inféodant l'art à quelque religion, on ne saurait, parbleu reprocher leurs disproportions et leur symbolique grossière. Ils étaient de leur temps, soyons du nôtre; les imperfections ne sont touchantes qu'autant que le Divin en émane, que la Foi a guidé la main. D'autre part, demander au Japonisme les moyens de ramener au naïf l'art de notre crépuscule, d'abord c'est déchoir (l'héritage des ancêtres leur semble donc bien lourd!); ensuite, c'est se tromper, entre les génies des deux races pas de compatibilité possible. S'ils s'inspiraient au moins de Kano, d'Hokousaï pour créer un art décoratif en rapport avec notre nature! mais non, ils n'en prennent que les imperfections, l'insouci de la perspective... eux que la terre du Poussin a nourris! C'est, on l'avouera, rétrograder aux moyens inférieurs, vouloir ressembler à un grand homme par ses travers ou ses infirmités.

D'ailleurs, cette théorie, négatrice des lois de Nature, repose tout entière sur des paralogismes et, mieux qu'une argumentation, les résultats la condamnent. Au nom de quel principe prêter à des directions linéaires purement ornementales une faculté d'émouvoir, de sensationnaliser qui n'appartient qu'au geste et à l'attitude? Faire correspondre nos sentiments avec des courbes, des sinueuses et des angles, au détriment de la forme humaine, c'est créer l'alphabet arbitraire d'une crytographie sans intérêt et sortir de l'art du dessin pour choir dans une idéoplastique d'autant moins excusable que mal écrite, c'est abandonner une langue pure pour patoiser, s'annihiler dans une hérésie.

A l'ornementalité, à la caricature adaptée, la déformation s'admet; sur toile, le spectacle en est lamentable. Tout ne fait pas bien sur tout, le choix de la matière! — importance capitale en art! Le motif qui convient au vitrail, à la mosaïque ou au livre s'adapte mal au tableau, et se représente-t-on un Chéret monté à la fresque? Une épopée sur éventail!

La plus aristique synthèse figurative se trouve en les dessins d'Ingres et de Puvis de Chavannes, mais c'est le déséquilibre qui séduit nos déformateurs; en l'auteur du *Rêve* et du *Pauvre pêcheur* ils s'entichèrent de ces négligences que fait seul excuser le génie; au peintre de *la Source* ils préférèrent Cézanne, Gauguin et Van-Gogh, et, de ces tempéraments intensifs, ils ne virent que le côté maladif ou le sauvage. Confondant ainsi le simple avec le sans-forme, toute beauté décorative leur échappe et, au lieu de produire quelque œuvre originale, ils avortent de choses dont l'étrangeté voulue déguise mal la marcescence. En persistant dans cette voie, ces impubères qui veulent enfanter deviendront aussi banals en leurs paradoxes que les salonniers en leurs métaboles.

Prôner l'irrespect de la forme équivaut à admettre comme haute manifestation iconique les balbutiements d'un crayon enfantin ou les hallucinations d'un fou.

Simplification, objectent d'aucuns, — que non pas.

Un dessin à la mesure inviolée, à la structure des plans indiquée sans détail nuisible à l'ensemble, voilà la simplicité.

Mais préférer rebalbutier alors qu'il leur reste tant à apprendre! Ces primitifs à rebours me font l'effet de blasés ayant — avant terme — vécu tous les âges antérieurs, épuisé toutes les déliquescences... Préférer rebalbutier!... Eh quoi! ne plus respecter la forme parce que l'art n'est pas la réalité! Les chefs-d'œuvre d'antan ne seraient qu'une magnifique aberration?... Non, non, aux insidieux arguments s'oppose une vérité que proclament des siècles de chefs-d'œuvre : l'Art, c'est la transfiguration des créatures et des choses, mais leur transfiguration *vraisemblable.* Or, parce que tout est géométrie dans l'espace, dans la matière, dans le corps humain, l'œuvre d'art doit tenir compte des dégradations perspectives et de la structure des reliefs, même dans ses manifestations les plus idéalisées, les plus *rêve*. Qu'ils apprennent donc d'abord les arcanes de leur art, ces novateurs de vingt ans.

En vérité, n'est-ce pas indécent, quelques uns (et quels) voulant avoir raison contre le Génie, et des littérateurs aux emballements puérils ou snobiques nimbant de maîtrise des jeunes gens qui ne savent pas même construire une tête ! cette époque est celle du blasphème.

CHAPITRE V.

LE RÉALISME

> Sans l'idée qu'elle recouvre et qui l'explique et qui l'anime intérieurement, qu'est-ce qu'une forme ? Une vaine apparence, un fantôme vide, privé d'être réel, puisqu'il n'a point de raison d'être, de modèle immuable, éternel.
>
> *Lamennais.*

Du jour où le « tout est bon à peindre » prit l'importance d'un dogme, le seul idéal fut d'acquérir quelque prestigieux procédé; dès lors, à quoi bon le choix, la composition, l'attitude? Quelle nécessité de s'astreindre à l'évocation de sentiments? L'engouement public aidant, le réalisme étroit envahit les Salons, le métier détrôna l'Esthétique.

Dans une page magistrale, la haute signification de tel geste n'arrête point nos virtuoses de la palette, les uns se prosternent devant l'habileté de facture, les autres n'ont d'yeux que pour les subtiles combinaisons de taches, comme si la beauté d'une œuvre *pensée* dépendait de ses qualités d'exécution. Signe malaugural, la fâcheuse épidémie sévit sans distinction d'école; continuateurs de Manet, émules de Vollon roulent sur la même pente fatale et, avec des moyens différents, des programmes opposés, convergent vers un but identique : la prépondérance de la peinture sur l'Art. Conséquence de cette obsession : la Tradition ignorée ou méconnue, plus de dessin *expressif* des formes, nulle recherche de belles lignes.

Après les Salons de ces dernières années, qui nierait la pauvreté d'invention des réalo-quelconquistes, et le néant de leur artistie ? Pas un d'eux n'a l'entente de l'arrangement, pas un ne se doute qu'on puisse faire dire quelque chose à un nu, et s'ils excellent dans le maniement de la pâte, leurs trucs, leur brio dissimulent mal un insolide savoir technique ; ils connaissent la place des muscles, mais ne trouveraient pas une attitude sans le modèle ; ils savent mettre un œil en perspective, mais placer deux figures dans un plan les embarrasse à l'extrême, et ont-ils besoin d'un mouvement qui ne se peut poser, il leur faut le demander à l'instantané. Oh ! ils sont forts, très forts, leur prestesse de patte rendrait jaloux les singes, et après ? Que sert le développement de l'imitativité sans l'étincelle prométhéenne ?

« Parce que vous avez fait quelque chose qui ressemble plus à une femme qu'à une maison, vous pensez avoir touché le but : c'est cela et ce n'est pas cela. Qu'y manque-t-il ! un rien, mais ce rien est tout ».

Cet aphorisme du grand intuitif Balzac ne s'applique-t-il pas de tout point à ces exécutants incapables de voir plus loin que le métier, impuissants à animer ce qu'ils modèlent ! Les malheureux ! élevés en copistes, ils copient textuellement, bêtassement, jusqu'à respecter les déformations ou les signes particuliers, et s'ils arrivent à copier sans trop rappeler la manière du patron, on leur trouve du tempérament et collègues de crier à la maîtrise.

Traiter les chairs ainsi que des poteries ! Regarder et

raconter sans la moindre émotion ! Ils font penser à ces descriptifs du roman qui, — êtres ou choses, — peignent tout en nature morte, ou encore à des journalistes qu'une imagination brehaigne confinerait dans les interviews. En vain changent-ils de sujets, ils se répètent sans cesse, tels ces ténors inintelligents qui, — Raoul ou Éléazar, — chantent tout uniformément, machines à vocaliser.

Le tableau, ils le conçoivent comme un miroir fidèle en lequel se reflète à volonté l'intérieur ou la rue; ainsi comprennent-ils le modernisme. Prendre le *quelconque* et le figer tel quel sur toile, avec ou sans caractère, au hasard de la rencontre, « c'est de l'art si c'est bien peint ». disent-ils, et bien peindre consiste à stratifier de la pâte, jusqu'à complet trompe-l'œil.

Pauvre pâte, ce qu'ils la fatiguent, ce qu'ils la torturent, les bourreaux ! et, pour produire quoi ? des personnages en cire. En leur monomanie de procurer la parfaite illusion du tangible, ils exécutent une figure comme un maçon construit un mur, morceau par morceau, passant huit jours sur un œil, huit autres sur un deltoïde, d'où la froideur et l'aspect désagréablement mosaïque de leurs ensembles.

De l'art ? ces clowneries de brosses !... pour un panoramiste, oui, pour quelque décoreur de café ! Mais paralléliser ce fini prétentieux, commun, abrutissant, avec le travail serré des Maîtres, c'est comparer de la cuisine de gargotte à un mets de haut goût.

Hostiles à toute culture intellectuelle comme à toute éducation esthétique, ces barbares ne souffrent d'autre guide que l'instinct, ce qui, par malheur, les conduit à l'inintéressant ou les embourbe dans le cloaque du réalisme grossier. Indifférents à toute élection, comment soupçonneraient-ils le style? Si les maîtres ont œuvré telle merveilleuse figure, expliquent ces simples, c'est qu'ils possédaient un modèle superbe; et interrogez-les sur les Primitifs, ils vous répondront que « ces gens-là » ne savaient pas modeler un torse. Qu'attendre de prosaïstes persuadés que la nature n'est qu'un livre d'images où il ne se trouve à prendre que des calques? Aussi, leur rôle cesse dès que l'art commence; voyez-les entreprendre un *tableau*, ces retors du morceau : la poésie, ils la ridiculisent; l'histoire, ils l'encanaillent; et touchent-ils au mysticisme, ils le descendent au geenr.

Évidemment un sens leur manque; et l'éducation en faveur n'est pas pour leur en tenir lieu; comment comprendraient-ils, succubes de Bastien-Lepage ou de Meissonier, que l'idéal n'est pas l'irréel, que le vrai ne consiste pas en la sotte reproduction de ce qui se voit, que la réunion de plusieurs portraits ne constitue point une scène?

Ainsi s'évader du vraisemblable ou s'incarcérer en un réalisme étroit, supprimer l'insupprimable ou s'agenouiller devant le morceau, n'avoir que des idées ou en manquer totalement, suivre M. Gauguin ou M. Dagnan-Bouveret, cela mène à un genre, — non à l'Art.

CHAPITRE VI.

L'ART ET L'ENSEIGNEMENT SUPÉRIEUR

> Parce que vous regardez de temps en temps une femme nüe qui se tient sur une table, vous vous imaginez être des peintres et avoir dérobé le secret de Dieu. Prr!... il ne suffit pas pour être un grand poète de savoir à fond la syntaxe et de ne pas faire de fautes de langue.
>
> *Honoré de Balzac.*

Basée sur un système de concours fort peu intéressants mais rémunérateurs, — que les élèves exécutent sans conviction, uniquement tentés par l'appât du gain, — la didactique en vigueur à l'école des beaux-arts industrialise plus qu'elle n'artialise.

La maison a *son* dessin, *sa* peinture, *ses* formules, manies de vieille fille qu'on ne contrecarre point impunément. L'originalité, on l'orthopédise en cette clinique; d'importants rebouteurs y préparent des échines aptes à endosser, quelque jour, la verte livrée du palais Mazarin.

Comme des animaux à concours, espoir d'un éleveur fameux, on destine avant tout les élèves à remporter des médailles pour la plus grande gloire de l'Institut et l'entretien du crédit factice de ses pontifes; aussi, malheur à l'indocile qui refuse de faire honneur à la gaveuse académique; de même qu'à la caserne, les instructeurs ne tolèrent aucune velléité d'indépendance, il faut bien qu'il observe la discipline, l'enrégimenté qui tient à se couvrir de mentions. D'ailleurs, l'obtention des récompenses procure une foule de privilèges, il va contre son intérêt *d'élève*, celui qui ne s'entraîne pas pour acquérir le seul procédé admis par le personnel enseignant.

Or, le sujet sans personnalité mais bûcheur, le *Garnotelle*, se pliant mieux à la règle que le tempéramentueux, il arrive que cette méthode absurde favorise le médiocre, — si c'est favoriser quelqu'un que de l'abuser sur sa valeur. Même en supposant que de remarquables natures fussent seules primées, le système laisserait encore beaucoup à désirer; en effet, on accable ces jouvenceaux de prix payés en espèces — pendant leur stabulation, et, à peine rendus à la liberté, on les abandonne à leurs propres ressources; on les lâche, à l'exception des lauréats du prix de Rome, on les lâche alors qu'ils auraient tant besoin d'aide afin de produire. Pourtant, de l'élève qui copie ou du débutant qui s'arrache une œuvre, quel est le plus méritant ? On dépense, sans compter, pour l'entretien de quelques-uns — partie intégrante du mobilier de l'école, — qui roulent les concours, (telles les pierreuses, les boulevards,) jusqu'à limite d'âge; et le seul moyen pratique d'encourager l'art et de soutenir les artistes, — l'achat d'œuvres, on n'y recourt qu'avec parcimonie. Est-ce que des récompenses purement honorifiques ne devraient pas suffire à l'émulation d'étudiants? Eh quoi! voilà des éphèbes qu'il siérait d'élever ainsi que pour un culte, préservés de toute souillure prosaïque, de toute basse pensée, et vous, éducateurs, leur inoculez des sentiments de lucre! O cuistres!

De temps à autre, le conseil supérieur de l'école

discute gravement sur quelques modifications à introduire au règlement... la plaisante chose! Qu'importe, en vérité, que l'enseignement de l'art soit élémentaire ou complet, s'il reste entre les mains des doctrinaires de l'Institut.

On se contente de les railler, eh! ils sont plut dangereux que grotesques. Envieux et malfaisants, ils gênent lorsqu'ils ne persécutent; tant qu'ils possèderont le pouvoir de nuire, c'est un devoir que de les combattre. Absolus dans leurs préjugés, opiniâtres conservateurs de conventions obsolètes, arrêtant l'art à leur production, ces rénitents s'opposeront toujours aux tentatives de propulsion (1). Pédants gourmés, bardés de suffisance, — la sottise ambiante leur en confère le droit, — parce que chamarrés de consécration officielle, se croient-ils pas les dépositaires de la Tradition! Des classiques! ces cabotins qui se griment en maîtres! Le classique! en persuadant qu'ils le continuaient, ils en ont dégoûté les jeunes, ils ont corrompu le goût, causé l'éruption des théories paradoxales. Classiques! mais ce qu'ils signent témoigne contre leur outrecuidante prétention; esthétiquement, ce sont des larves. Le Beau! ils passent à côté sans le voir, sans s'en douter; ils le confondent avec le correct ou le joli, comme ils confondent l'harmonie avec l'isométrie, le guindé avec le solennel, le théâtral avec l'héroïque; le Beau, ils l'interprètent de si piètre manière que leurs meilleurs ouvrages sembleraient

---

(1) En un discours prononcé lors de l'inauguration de la statue de Delacroix, M. Delaborde, évoquant le temps où le labeur de ce Maître était tenu pour « l'arrogance d'un pur séditieux », ajoutait, emporté par quelque accès de lyrisme : « Qui songerait aujourd'hui à se faire le complice de ces dénis de justice ou de ces erreurs? » O logique académique! les collègues de M. Delaborde admettent Delacroix mort nimbé, mais ils nient opiniâtrément ceux qui luttent comme il a lutté. Les temps changent, la cuistrerie immane.

de la caricature à Phidias et à Raphaël. Comment complémenteraient-ils *artistiquement* à l'atelier la partie philosophique du cours d'esthétique, ces gens qui ignorent et la valeur d'un geste et l'importance d'une arabesque, ces professeurs qui ne savent ni expliquer la mesure, ni faire aimer la perspective. Ils peuvent former des forts en thème, des fonctionnaires, de bons commis au courant de l'article académique, — non des artistes; en quoi, inférieurs à leur mission.

C'est leur intolérance mesquine, proscriptrice des formules non prévues par leur codex, qui nous vaut cet art impersonnel, la plaie de nos salons. Étonnez-vous qu'après un stage émaciant, déprimant, rien n'émeuve ni n'enthousiasme les victimes que malaxent ces Homais de la coupole, étonnez-vous que ces nés d'hier peignent comme des vieux! On les a convaincus du pouvoir sans bornes de l'École, sinon de sa valeur; comme l'enfant qui pense à l'ogre, ils s'épouvantent à l'évocation d'un fantôme que crée leur pusillanimité, la convention académique leur apparaît une déesse terrible, un Abstrait redoutable qu'il serait dangereux de contrarier. A leurs yeux, donc, le Salon continue l'École, lisez le concours pour les médailles avec ce qu'il entraine de concessions et de lâchetés. On respectait à l'atelier les manies du patron, on va flatter celles du jury; avant d'extérioriser son rêve, il s'agit d'acquérir des suffrages et la courtisannerie du candidat engendre cette bâtardise qui appelle l'anathème : la figure pour le Salon, c'est-à-dire la figure qui ne rime à rien et ne peut s'harmoniser à quelque architecture. Les plus braves, les mieux intentionnés se jurent bien de rompre avec le poncif abrutissant, et ils l'abandonnent, en effet, quant à la facture, non quant au choix du sujet et à la présentation. C'est n'être original que d'après la formule.

Évidemment, l'art ne s'apprend pas, mais la technique s'enseigne. Eh bien, même en cela, les ateliers de la rue Bonnaparte faillent à leur but.

D'abord, l'étude en commun nuit à l'essor de l'individualité. Aux époques bénies, lorsque quelques disciples seulement s'essayaient sous les yeux d'un maître, communiant avec sa pensée, participant à ses travaux, alors oui, ils marchaient de progrès en progrès, ils *s'initiaient;* mais on n'acquiert qu'une vaine habileté en l'atelier moderne où, sous forme *d'académie*, l'interné répète pendant des jours et des jours un même pensum, corrigé à la hâte (comment!!) par un monsieur quelque peu indifférent. Aux adolescents qui se confiaient à leurs conseils, les artistes de jadis, loyaux et conscients de leur force, ne célaient rien du *métier;* aujourd'hui...

Écoutons un critique insusceptible d'exagération, Kératry, l'admirateur de David et de Girodet; ce qu'il écrivait sur les peintres de son temps de tout point s'applique à ceux du nôtre : « Pourquoi ne nous plaindrions-nous pas des maîtres eux-mêmes qui, contents d'inspecter par dessus l'épaule, pendant quelques secondes, le chevalet ou l'estompe de leurs élèves, ne peignent que derrière un rideau, comme pour dérober à ceux-ci les secrets d'un art où l'on ne se perfectionne qu'en voyant faire! cela est si vrai que les jeunes artistes sont réduits à s'éclairer mutuellement de leurs conseils et à tâtonner dans la recherche d'une pratique qui leur échappe... Il y a quelque chose de petit dans ce mystère, ou il accuse un talent qui, n'étant pas sûr de lui-même, craint de se produire au grand jour, et de révéler les incertitudes d'un travail strapassé. »

Les ateliers libres présenteraient des inconvénients non moindres, les habitués adopteraient le genre de l'un d'entre eux, ce qui se passe dans les *académies* similaires permet de l'affirmer. Donc, suppression des ateliers. Reste l'ancien système de concours, c'est-à-dire le moteur de l'usine à prix de Rome; l'école, moitié boite à bachots, moitié assistance publique; on en connait les résultats, l'Institut même ne s'en montre pas fier. Seuls, les cours théoriques (anatomie, perspective, histoire, archéologie, etc.), professés par des hommes éminents, rendent de réel services, mais ces cours complètent simplement un enseignement *élémentaire*.

Dès lors, pourquoi une *École spéciale?* Un enseignement *supérieur* des arts du dessin se conçoit-il mieux qu'un enseignement supérieur de l'art du Verbe? La villa Médicis! les envois des pensionnaires proclament éloquement l'inanité de telles institutions, A Anvers, à Munich. sur la terre du Pérugin ou sur celle de Vélasquez, que signifie une école, si quelque pion doit y maintenir l'emploi des émulsions cabanellesques. N'attendons rien qui vaille de ce qui porte l'estampille officielle, surtout en matière d'enseignement, la séparation de l'Art et de l'État importe. L'absence d'une école des beaux-arts ne nuirait point à la frondaison des artistes et présenterait cet avantage — combien précieux! — de décentraliser l'art. Chacune de nos provinces a son esthésie, comme elle a ses mœurs et son caractère; sous une impulsion libre d'entraves, plusieurs d'entre elles deviendraient aisément des foyers artistiques autochtones, à l'instar des anciennes cités italiennes et flamandes; non, il faut que nos dirigeants, organisateurs piteux, étendent leur glu administrative jusque sur l'esthétique. Indépendantes, les écoles régionales serviraient *au moins* l'industrie; succursales de la maison-mère, les voilà annihilées. Oh! cette rage démocratique d'exterminer tout germe d'ipséisme!

Enseigner dans les diverses écoles existantes les éléments du dessin et de la décoration suffit; lorsqu'un élève sait établir une figure d'après le modèle vivant, mettre deux lignes en perspective et créer un ornement, qu'on le laisse à ses sentiments, qu'il médite et cherche devant la nature, qu'il s'essaye seul à œuvrer; c'était la méthode de Rembrandt, celui-là s'y connaissait. Quand aux hautes récompenses, il conviendrait de ne les décerner qu'avec tact, d'intermittente façon, seulement lorsque se révèlerait un sujet remarquable; alors, qu'on le subventionne pendant de longs mois, sans lésiner, le laissant libre d'étudier à son gré (l'originalité se cultive mal en serre chaude); qu'on ne lui *impose* qu'une condition : produire une œuvre.

CHAPITRE VII.

L'ART ET LA RELIGION

> « Que tout ce qui est fait pour la gloire de Dieu soit rendu visible aux yeux de tous puisque par la peinture, nous pouvons toujours penser à Dieu ; et que, dans les temples sacrés, lorsque la parole se tait, le spectacle des images fixées aux murs nous raconte encore et nous enseigne, le matin, à midi, le soir, la vérité de ses actes »
> 2º *Concile de Nicée.*

Après avoir, en une étude bellement construite, coordonné de plausibles raisons pour soutenir que la foi dogmatique n'est pas nécessaire aux manifestations de l'art religieux, Henri Mazel augurait, de la religiosité latente qui imprègne les milieux intellectuels de notre Société, un renouveau d'art chrétien. Ces prévisions semblèrent bientôt justifiées par la fondation de la Rose-Croix esthétique dont les organisateurs se proposaient d'insuffler dans l'art contemporain l'essence théocratique ; mais dès l'ouverture du salon de cet Ordre, chacun put constater les prodromes d'une renaissance simplement mystique et plutôt profane. Car mysticisme n'implique pas fatalement religiosité.

Et d'abord, qu'est-ce que le mysticisme ?

Monter autant qu'il est permis, nous enseigne saint Denys l'aréopagite, vers l'union de Celui qui est par dessus la science et l'essence, vers ce point où les mystères de la théologie « s'entr'ouvrent dans l'obscurité translumineuse au silence qui dit les secrets ».

Ceci dit tout à ceux qui jouissent de la faculté ineffable de communier avec l'Infini; je ne connais pour satisfaire les autres qu'une explication que voici : « Le mysticisme orthodoxe voit, entend, touche et sent ce que la raison n'est pas capable de voir, d'entendre, de toucher et de sentir. Il domine la raison et la transfigure. » Ainsi s'exprime Hello; pour ce voyant, mysticisme se synonymise avec la plus haute sagssse, et il ajoute :

« La grandeur de la contemplation est le miroir sans défaut où elle voit son insuffisance. L'immensité des lieux qu'elle habite lui fait le don superbe du dédain sacré d'elle-même. Avec ce dédain augmente sa grandeur, et avec sa grandeur augmente sa bonté. » S'applique aussi au mysticisme ce que Ruysbroeck disait de la contemplation : « C'est une ignorance illuminée, c'est un miroir magnifique où reluit l'éternelle splendeur de Dieu. »

Pris dans son acception profane, le mysticisme, intuition de l'au-delà, vision de l'invisible ou de l'irrévélé, se peut définir le sens ou même la compréhension du mystère (*mustès* , initié, non point initié par ascèse, mais par grâce).

L'artiste mystique recherche de préférence ses motifs en dehors de la vie terrestre, mais on le reconnaît surtout au don qu'il a de mystériser ce qu'il trace. Il s'inspire des croyances, ou dogmatiques, ou magiques, ou spirites, sur les mystères de la vie future, se plait à symboliser l'ésotérisme d'un sujet sacré ou d'un mythe païen, à scénifier quelque tradition occulte ou quelque légende surnaturelle. S'il n'est chrétien par la foi, il n'a que faire d'une croyance ou d'une métaphysique; la Thulé de ses rêves lui suffit.

Extraire l'esprit du tangible, dématérialiser une forme, révéler, — par l'expression faciale, l'extatisme du regard, — la spiritualité d'un être, sa dévotion, sa splendeur morale (tant de faces de Fra Giovanni, certaines figures de Van der Weyden et de Memling, la *madone aux roses* de Martin Schongauer, les Mages de Gentile da Fabriano, le *St. Bernard* de Filippino Lippi); allégoriser certaines abstractions (*l'Inspiration chrétienne* de Puvis de Chavannes); interpréter le divin par une lumière (*Jeanne d'Arc*, de Séon); — autant de représentations figuratives du mysticisme.

On peut concevoir le dessin d'un ange, de la forme humaine créer une forme supraterrestre, cependant c'est beaucoup moins par la ligne que par la lumière qu'on donne une idée du mystérieux, du surnaturel. N'oublions pas que lorsque les esprits se manifestent a nous sous des formes, c'est rarement sous des formes matérialisées.

L'œuvre religieuse et l'œuvre mystique irradient chacune un indicible, mais celui de l'œuvre mystique profane n'est que troublant. J'appellerai anagogique celui de l'œuvre religieuse, à sa vue, le sensitif éprouve la même émotion qu'en pénétrant dans une église. Mystique et religieuse, comme *la descente de croix* et *le couronnement de la Vierge*, de l'Angelico, comme *l'adoration de l'Agneau*, des Van-Eyck, *l'Annonciation* du Vinci, l'œuvre attendrit et exalte, emparadise presque. Et que dire de plus? le mystère ne s'explique pas, on le ressent.

*
* *

Il n'y a pas plus à chercher un mysticisme moderne qu'un idéal moderne, le supraterrestre et l'humain ne sont-ils pas de tous les temps? Instinctifs, les artistes n'ont pas à raisonner leurs impulsions mais à les manifester *originalement*. L'homme n'ayant à sa disposition qu'un répertoire restreint d'idées sur l'Inconnu, aux pérennels concepts succèdent les toujours semblables fictions, seules varient les façons de les présenter, ainsi nous donnons-nous l'illusion du nouveau. Qui rappelle la manière de ses devanciers s'infériorise et souvent s'annihile, qui trouve trop lourd le bagage des connaissances acquises se brevète d'impuissance. Supprimer la beauté plastique! c'est-à-dire prostituer la Forme par laquelle le divin Révélateur incarna l'invisible substance du Père! — impiété, illogisme.

Le mystique voit par l'esprit, mais, sans la forme, que conçoit l'esprit? que traduit-il? Par conséquent, le mystique, son art l'y oblige, — son art qui évoque l'idée par l'image, son art qui est d'enclore le divin en l'humain, — le mystique doit emprunter à la nature des formes (lesquelles ne sont d'ailleurs que des idées réalisées) pour manifester compréhensivement sa vision interne. Et, à quoi bon œuvrer sans cela? Invisible et invrai, termes antinomiques; Jouffroy a montré que l'art représente l'invisible sous ses formes naturelles, empruntées aux objets naturels. Donc, simplesse et littéraire, écueils également dangereux; la faute est lourde de bannir la vie de l'œuvre d'art, aussi lourde que d'en omettre l'âme. Quel air de sophisme respirons-nous qu'il faille clangorer ces truisms !

Nos nouveaux mystiques, même ceux catholiques, vont à la poésie du mystère plutôt qu'à sa religiosité ; et ce symptôme signifie d'autant plus qu'on ne se trouve pas en face d'un groupe de théoriciens, mais d'individualités hétérogènes malgré leur propension commune.

Ainsi ce siècle n'aura pas eu un artiste vraiment religieux(1). Si, dans sa *Vierge à l'hostie* et maintes figures des chapelles de Dreux et de Saint-Ferdinand, Ingres atteint au sacré, l'ensemble de son œuvre est profane. Delacroix, même en sa *Mise au tombeau*, même en son *Christ au jardin des Oliviers*, n'émeut que par ses qualités de dramaturge ; Hébert n'a rendu qu'historiquement le *Baiser de Judas* ; Puvis de Chavannes est avant tout mystique, et païen autant que chrétien.

H. Flandrin eut indubitablement le désir, mais ses moyens d'artiste le trahirent, il demeure peintre honorable, sans plus, et voilà qui prouve le dire de Mazel, pour exécuter œuvre religieuse il faut d'abord être artiste. Un Signol, un M. Lenepveu, ne méritent pas plus le titre de religieux que les malheureux obligés de bâcler des chemins de croix à la douzaine. L'artiste n'est pas religieux parce qu'il choisit quelques motifs dans les Saintes Écritures, mais parce qu'il dégage la spiritualité du terrestre, et sait illuminer ses figures d'expressions de ferveur, de béatitude ou d'extase, et sait épandre sur

---

(1) Des artistes au goût sûr m'apprennent qu'il existe à Lyon un peintre, presqu'inconnu car solitaire et dédaigneux des succès mondains, dont les fresques fleurent vraiment la piété. Borel est son nom. J'en parlerai dans un travail ultérieur consacré aux glorieux Inconnus, plus nombreux en nos provinces qu'on ne se l'imagine.

ses ensembles une lumière de grâce, une atmosphère de piété, — du céleste, en un mot. Ces dons d'interpréter le sacré, combien sont-ils qui les héritèrent des merveilleux inspirés des xiiie et xve siècles ? Ah ! ceux-là, par leurs travaux, rendirent suavement, augustement hommage au Créateur, le Saint-Esprit était en eux.

En s'inspirant de l'antique, les prestigieux metteurs en scène du xvie siècle ne surent pas concilier la belle santé de la matière avec celle de l'âme; séduits par le monde visible, par le mirage du naturisme, ils négligèrent la beauté morale pour la corporelle ; leurs vierges ne sont que des femmes, leurs créations respirent la vie, la luxuriante vie, oh ! certes, — elles ne rayonnent pas du divin. Après Poussin et Lesueur, l'hylique l'emporte décidément sur l'aromal, des virtuoses sans inspiration paganisent leur religiosâtrerie : puis arrive David, initiateur de la copie animale du modèle, et son esthétique cause plus de mal à l'art sacré que les vents d'incroyance et de doute. Lors, peintres et sculpteurs s'émulent beaucoup plus à produire un tableau ou une statue qu'acte de foi, qu'œuvre afférente ; l'Évangile devient prétexte à *morceaux*, on l'arrange au goût du bourgeois ; certains avaient commis des portraits de la Sainte Vierge, leurs continuateurs vont oser traiter le Christ en nature morte.

* *
*

Parmi les causes ayant amené la dégénérescence de l'art religieux, on invoque volontiers l'indifférence ecclésiastique ; mais combien d'artistes s'intéressent au religieux ? Combien demandent encore l'inspiration au dogme ?

L'Église, objecte-t-on, préfère M. Bouguereau à Puvis de Chavannes, l'Église qui, jadis, fut la première à saluer Giotto. Oui, mais au xiiie siècle, il n'y avait ni Institut, ni distinctions honorifiques, pour estampiller le talent et abuser le public, tenons toujours compte du temps.

Si l'art religieux est devenu un commerce, et quel! si les fresques se donnent à l'entreprise comme l'imagerie dite de sainteté, prenons nous-en au mauvais goût ambiant. Ce sont les ouailles qui nous valent la Saint-Sulpicerie, cette provocation au blasphème, cette injure à la majesté liturgique. Le clergé supporte cette grossière iconolâtrie, eh! quand même il interviendrait! Un courageux éditeur essaya de réagir contre le philistinisme de sa clientèle, il fit enluminer ses figurines de teintes plus discrètes, il fit surmouler des vierges de la Renaissance, elles lui restèrent pour compte.

Et il ne pouvait en être autrement, le goût ne s'impose pas plus à une classe qu'à une race, on le lui cultive.

Les hauts dignitaires de l'Église se trouvent, parbleu, dans l'état esthésique des fonctionnaires du gouvernement et de la plupart des littérateurs qui se mêlent d'écrire sur un art par eux ignoré, ils ne voient pas ou voient mal et trop souvent donnent à leurs sensations la valeur d'un jugement critique. Le leur reprocher serait vain, ils n'ont pas reçu d'éducation esthétique.

Que les artistes vibrant au sacré œuvrent donc pour la gloire du Très-Haut, sans attendre qu'on les y encourage; accepter la tutelle du clergé les mènerait au hiératisme; or, l'art dépérit, s'il ne croit dans l'indépendance; qu'ils œuvrent selon leurs intuitions, sans s'inquiéter des contingences, une belle œuvre reste et trouve toujours la place qui lui convient, et a toujours l'action qu'il faut qu'elle ait. Et si parmi les artistes, ô prêtres ! trop s'absorbent en la matérialité de leur art ou en leur moi au point d'en faire leur unique culte, est-il juste d'étendre à la catégorie une réprobation que certains seuls méritent? Est-il juste surtout d'en user avec l'œuvre ?

Construire de la forme et, sur cette forme imprimer une conscience, représenter l'être humain jusqu'en ses psychismes! art pur entre tous. Par cela même qu'il éveille chez les mortels la dilection de la forme, habitacle du Saint-Esprit, il les oblige, implicitement ou non, à un acte d'adoration; car celui qui s'incline devant la créature s'incline devant le Créateur. Œuvrer en plastique, créer pieusement d'après l'ordre naturel et le divin principe informant, redire à l'infini le grand œuvre de la Création et, par l'image de sa beauté extérieure en révéler l'indicible! c'est déjà glorifier Dieu.

L'art, auxiliaire indispensable du culte, n'est pas à dédaigner comme moyen d'enrayer l'indifférence, de propager la foi. Traduction symbolique du dogme, précept concrétisé, l'image, sur les parois du temple, dresse des *memento* affectifs invitant à la méditation. C'est, sans cesse ouvert aux plus belles pages, le livre d'une histoire qu'on ne doit pas oublier; plus seront magnifiques l'écriture et la décoration de ces pages, plus leur enseignement émouvra. Et pourquoi ne ramèneraient-elles des âmes à la foi! Le beau, reflet de Dieu, ne peut-il convertir?

CHAPITRE VIII.

L'ART ET L'EXOTISME

<blockquote>L'indication de la chose n'est pas la chose.
J. B. Danguin.</blockquote>

L'art japonais fut révélé chez nous alors que sonnait le glas de notre art ornemental. Que le public, las des vieux motifs, qu'on lui reservait abusivement, se soit rué sur ce joujou nouveau et l'ait salué de ces hosannas par lesquels il sacre une mode, qu'importe? Que nombre d'amateurs, vibrant moins à une esquisse magistrale qu'au travail amusant d'un bibelot, se soient assotés pour cet art d'étagère et d'éventail, qu'importe encore? Mais que certains, prenant leur frénésie pour une révélation, prônent les grâces du Japonisme et s'évertuent à le propager comme décoratif par excellence et source à laquelle doivent se retremper nos artistes, — halte-là.

L'art Japonais, sans inspiration élevée, sans compréhension de l'Idéal, ne saurait être égalé à l'art hellénochrétien. Certes, je reconnais la valeur des artistes d'Extrême-Orient, mais je ne discerne pas moins le mérite des nôtres; et ma raison, d'accord avec mon esthésie, m'oblige à soutenir qu'il y a plus d'art dans le dessin des lèvres de la *Joconde* que dans ces lignes ostréides par quoi Outamaro signifie les bouches féminines, et que le

Moïse de Michel-Ange écrase le *Bouddha* de Nara. Quelles scènes ont composé les peintres et les sculpteurs du Nippon? peut-on comparer la *mort de Çakia*, de Neïtschio, *au triomphe de la mort*, à telle descente de croix! les frises de Zingoro aux bas-reliefs de Donatello ou de Germain Pilon? Et non seulement nos artistes firent preuve, par leurs conceptions, d'une intellectualité plus haute, et par leurs arrangements, d'un goût plus cultivé; ils se sont affirmés aussi techniciens supérieurs, les difficultés à vaincre étant autrement considérables pour fresquer un mur que pour gouacher un kakémono. Et, si l'on nie qu'il ne faille plus de talent et de savoir pour tirer une composition de l'Évangile ou de l'Abstrait que pour interpréter décorativement quelques actes de la vie quotidienne, quelques ébats d'animaux; si l'on refuse d'admettre la suprématie du spirituel sur le matériel; alors, à quel critérium recourir pour juger d'une œuvre d'art?

Les Japonais, que leur origine prive déjà de la notion du Beau, que leur structure anatomique prédispose à l'aberrance optique, s'infériorisent encore par le culte excessif de la fantaisie. Négligeant l'équilibre des vides par les pleins, usant envers les proportions de familiarités coupables, leurs iconographes (1), désobéirent sans cesse aux lois de Nature, ceux de l'école de Kano, les plus nobles en leur patrie, comme ceux de l'école de Tosa, ces imagiers coquets. Pas un d'eux n'a montré qu'il possédât la *connaissance* du nu, pas un n'a dessiné les extrémités de ses figures; ni Mitsouoki, ni Yosaï, ni Motonobou lui-même ne tiennent à côté des crayons de notre Ingres. Ce n'est pas davantage par la distinction

---

(1) Iconographe, pris dans son sens étymologique : artiste qui interprète la figure.

que brillent les Nipponais, en figuratisme, ils ne plaisent jamais autant que lorsqu'ils confinent à la caricature: l'*oukiyoyé*, le *tobayé*, ces éthopées populaires et gouailleuses, voilà le genre exprimant le mieux, semble-t-il, leur génie national. S'attaquent-ils au paysage, à la flore, à la faune, alors ils excellent. On peut, sans irrévérence, rapprocher Hiroshighé de Corot, Kôrin émeut plus que Saint-Jean, enfin leurs animaliers l'emportent sur les nôtres (1), parce qu'ils ont su saisir les attitudes les plus fugitives et les faire revivre sans tomber dans la nature morte; nous n'avons rien à opposer aux lions de Tanyu, aux singes de Sosen, aux bronzes si variés des xviie et xviiie siècles.

Mais c'est surtout en l'ornemental que se luxuriantisa leur imagination, que triompha leur preste tour de main, leur inimitable doigté. Martelage et ciselure des armures, patinage des bronzes, préparation des laques, sculpture des netzkés, broderies des foukousas, tout suscite l'éloge; nul peuple ne dompta et le fer et le bronze avec cette ingéniosité, nul ne trama ses caprices en la soie et nul ne la fit chanter en nuances de fêtes avec un tel succès. Hors de là, ils ne valent que comme exécutants prestigieux. Fouillez les albums de ces illustres xylographes polychromes, Masanobou, Harounobou le grand, Shiounschô, Hokkeï, Kiyonaga, Outamaro, Toyokouni, vous n'y découvrirez quelque soupçon d'idée, non plus d'arabesque expressive. On vante avec raison la fraîcheur et le somptueux de leurs planches colorées, tout amoureux de tirage impeccable s'est pâmé devant

---

(1) Par *animaliers*, il faut entendre les artistes s'étant attachés à la reproduction fidèle de tel animal, à son *portrait*, comme Barye, et non ces admirables décorateurs de jadis qui interprétèrent l'animal ou l'élevèrent au symbole en vue d'un effet architectonique ou ornemental ! (temples, églises, armoiries, armures, tapisseries.)

ces dégradations de teintes obtenues en leurs moindres délicatesses, et réunies entre elles si merveilleusement que cela semble dû à quelque intervention surnaturelle. Et puis ?... Qualités d'artisan. Il y a aussi un métier inouï chez Dürer, il n'y a pas que cela.

Objectifs avant tout, observateurs d'infimités, les Japonais ne cherchèrent jamais à pénétrer au delà de l'extériorité, leur poésie ignore le mystère; ce qui les frappe, c'est le caractère, le stigmate, le signe particulier, surtout si ce signe prête à la raillerie, ils voient comique (exemple : leurs monstres et leurs masques). Et cette vision moqueuse, cette propension, ce plaisir à rendre l'intense dans la grimace dénotent encore une race moins près de l'Infini que la nôtre. Croquer les types qui passent, silhouetter de simples *impressions* de la nature ambiante, ornementaliser la ramure et la fleur suffit à satisfaire ces enlumineurs de paravents, ces illustrateurs de makimonos, beaucoup plus intéressés par un vol de papillon que par quelque état d'âme, par la sveltesse d'une plante ou les mouvements d'un oiseau que par la majestueuse harmonie de linéatures confluées. Aussi leur peinture n'est-elle possible que sur une matière légère, soie ou papier. Sans regard pour le psychique, tout aux apparences, au costume, au décor, dans l'homme, ils perçoivent *l'individu*, dans l'individu, *le travers*, dans la vie, *l'anecdote*, dans l'anecdote, *le plaisant*; rien ne les inspire comme le pittoresque du terre-à-terre, comme la comédie jouée au jour le jour par leurs contemporains, et, plus intelligents que nos réaloquelconquistes, ils en font accepter le trivial tant ils le content avec humour, tant ils le parent de suaves colorations.

Et, remarquable antinomie, ces incisifs minutieux, ces lorgneurs de microscopique, notent leurs observations très synthétiquement. Aucune tentative de copie exacte, de ridicule trompe-l'œil, nul vain luxe de détails. Ce type, ce tic *pigé* par eux, en quelques traits ils *l'indiquent*, avec une malice espiègle, une maestria d'autant plus savoureuse que sans prétentions, et voilà, ce qui ravit en cet art en même temps l'abaisse — il est tout *d'indications*. Or, « l'indication de la chose n'est pas la chose ». Cet axiome favori du graveur J. B. Danguin, évidemment dit beaucoup à l'esthète. Oui, l'artiste émine d'autant plus qu'il *écrit* mieux son impression. Un croquis jeté avec désinvolture, une aquarelle verveusement lavée charment mais sans retenir; l'un et l'autre sont à l'étude *construite* ce que la joliesse est à la beauté pure — et la boutade à la pensée. Après l'examen des meilleures pages des Motonobou, des Kanaoka, des Moronobou, des Toba Sôjo, des Mitsouoki, des Hokousaï, ces rois de l'impressionnisme, quel dévôt à la Norme ne se prosternerait devant un moulage de la frise du Parthénon ou la moindre reproduction de *la victoire de Samothrace!*

En somme, les Japonais, — des truqueurs, des virtuoses qui exécutent de chic. Leur schématisme habile n'est pas d'artistes sachant beaucoup mais d'artistes généreusement doués du sens de ce qui convient. Du goût et pas de style, de la grâce et nulle eurythmie, une palette et pas de cervelle, de l'élégance — et d'aristie, point. Coloristes enchanteurs, ils restent insensibles aux effets de lumière, dessinateurs maîtres de leur pinceau, ils sont dénués du sentiment de la Mesure. A ces ciseleurs d'appogiatures, à ces précieux enjoliveurs de riens exquis, il manque les aptitudes pantaculaires, le signe des élus.

Il y a dans le primesaut, l'alacrité de leur facture, et dans ce parti-pris décoratif de s'en tenir aux contours sommaires, de terminer les robes en rythmes ornementaux, l'attrait d'une œuvre qui semble faite en se jouant. Cela séduit l'esprit comme une répartie enjouée, les yeux comme un spectacle d'oiseaux au plumage opulent et fin. Mais comment prendre au sérieux cet art jovial, badin, gamin, gavroche, ingénu et blagueur, amuseur et pimpant, cet art au réalisme aimable, où tout est menu et ténu, où tout est tourné au frivole? et comment les prendre au sérieux ces rapins narquois qui trouvent matière à charge jusqu'en la représentation de leurs divinités?

Cependant, tel qu'il fut (car peut-on dire qu'il soit encore?), l'art japonais répondit à l'esthésie d'un peuple et, en tant que manifestation ethnique, il atteignit son apogée. A ces titres, il a droit au respect. L'artiste du Japon ne perd qu'à l'étude comparée, devant lui je m'incline, c'est à l'européen qui le pastiche que je refuse le salut.

Si encore nos japonisants savaient s'assimiler les qualités de ceux qu'ils se proposent pour modèles, mais non, le contraire se produit; indifférents au trait spirituel, à l'heureuse disposition, ils s'appliquent au viol de la perspective et de la forme ou ne s'emparent que des défauts rendant leur métier plus facile. S'inspirer d'un art qui subit à sa genèse les influences indo-européennes (influences dûment constatées sur les vases, les tissus et les casques)... O l'enthousiasme irréfléchi! Car enfin, que leur demander aux maîtres de Tokio et de Yedo? l'entente décorative? Mais nos ancêtres la possédaient à un degré égal sinon supérieur, eux aussi tenaient l'ornemental en belle estime. Que ne se rappellent-ils, nos adaptateurs, que les Japonais ont aimé passionnément la Nature, *leur nature*, en cela, en cela seul, il convient de les imiter.

Producteur ou amateur, initié ou profane, nul ne s'écarte de la Tradition de sa race, tradition créée par des besoins, sans perdre son originalité indigène, sans pécher contre l'Harmonie. Comme tous les objets d'art intéressants, les japonaiseries sont à collectionner, rien qu'à collectionner; kakémonos et le reste ne décorent, ne tapissent congrûment que les maisons de poupées de làbas, en parsemer nos intérieurs témoigne de fort peu de goût.

CHAPITRE IX.

DU DÉCORATIF ET DE L'ORNEMENTAL

> Savoir ne voir que de belles choses, s'en nourrir, comparer ; arriver, par la comparaison, à choisir ; se défier des jugements tout faits ; chercher à discerner le vrai du faux, fuir la médiocrité, craindre l'engouement, c'est le moyen de former son goût.
> *Viollet-le-Duc.*

Les diverses manifestations d'art figuratif peuvent se ramener en définitive à deux catégories également riches en belles œuvres : l'émotive et la pondérée.

Dans la première de ces catégories, nous comprenons les intuitifs-instinctifs, les spontanés qui se livrent à leurs sensations, s'assujettissent à leur émotion, bref tous les inspirés *passifs* qui, soit qu'ils perçoivent les choses par leur mystère ou leur caractère, se préoccupent beaucoup plus de l'expressif que de l'harmonique. Dans la seconde, prendront place les déductifs-intuitifs, les spéculatifs qui raisonnent leurs sensations, maîtrisent leur émotion, tous les inspirés *volontaires* édifiant d'après des principes pour arriver à un but déterminé, plus souvent harmonique qu'expressif.

L'artiste qui n'équilibre pas son excès d'émotivité par un peu de science est à la merci de l'inspiration et n'obtient que fortuitement d'appréciables résultats, car nul, pas même l'Angelico, ce sensitif par excellence, ce pieux cher au Saint-Esprit, ne bénéficia jamais d'une suite ininterrompue d'inspirations génitrices de chefs-d'œuvre. Le pondéré, s'il considère la mesure, ce moyen, comme une finalité, s'il s'impose un canon (1), s'insensibilise peu à peu et tombe dans la sécheresse, la froideur, le géométrique; en lui, l'architecte tend toujours à primer le poète, propension dangereuse; celui qui canalise son émotion, qu'il prenne garde de la tarir, elle seule donne une âme aux rythmes.

Lorsque les facultés de pondération et d'émotivité se rencontrent en un artiste, elles ne s'équipollent point, l'étude comparée des maîtres le démontre, l'une prédomine, et plutôt tyranniquement. Octroyer la suprématie à l'une ou à l'autre, ce serait vouloir dresser une hiérarchie des tempéraments, besogne au moins inutile, un art ne valant que par les individualités qui le manifestent et nulle esthétique ne remplaçant le génie. Au contraire, les scrute-t-on toutes deux sans parti-pris en les ouvrages transcendants, on s'aperçoit que, si les interprétations diffèrent, la compréhension du figuratisme est Une : de par son essence, ses nécessités d'exécution, sa destination naturelle, il est éminemment décoratif, — décoratif avant tout.

En effet, le figuratisme ne peut exprimer qu'au moyen des lignes. Or, disposer deux lignes sur une surface plane, c'est déjà engendrer un embryon d'harmonie; silhouetter des figures sur un fond, c'est ébaucher du

---

(1) Trop confondent la mesure, ce mode de relever comparativement les parties d'une personnalité afin de les pourtraire avec équilibre, cette sorte de mise au point *idéale* qui varie selon les âges, les sexes et les complexions, avec un système de mesure applicable à tous les individus. Le Vinci recommande de soigner les proportions, mais il condamne formellement (traité de la peinture, ch. xxi) ceux qui s'appliquant « au nu mesuré et proportionné *d'une même sorte* » semblent, au mépris du naturel, « former toutes leurs figures sur un même moule ».

décoratif; réaliser une harmonie par des combinaisons linéaires, voilà le décoratif, à condition toutefois que la combinaison n'ait rien d'arbitraire(1), c'est-à-dire pourvu qu'elle respecte, en sa représentation idéale, la construction réelle des plans et reliefs, l'apparence des choses, la logique des phénomènes. Méthode excellente, au surplus, pour se rompre à la manœuvre des lignes et les rendre afférentes à n'importe quelle disposition architecturale. En conséquence, nous définirons le décoratif : l'art de rythmer des lignes, d'après les lois naturelles, en vue d'un ensemble harmonieux.

Sans une ossature linéaire établie selon les normes, en vain vous évoqueriez quelque sujet touchant; votre œuvre ne se *tiendra* point, n'étant pas née viable; elle ne décorera point un mur, le fictif sans vraisemblance s'alliant mal avec le concret. Et comme, du respect de la construction des plans et reliefs, se déduit discursivement le respect de la structure des formes, la recherche du décoratif est ainsi la base des arts du dessin. Un plasticien s'infériorise s'il ignore le corps humain, ce résumé merveilleux de l'Harmonie universelle; son objectif étant l'expression de la vie, il importe qu'il sache en reconstituer les éléments. Sensitif, il faut l'être afin d'émouvoir, il ne faut pas être que cela, sans quoi l'exécution risque de trahir l'inspiration. Il est certain que l'artiste impressionnera d'autant plus qu'il dégagera la spiritualité des êtres et l'âme des choses, mais l'émotif le plus lyrique ne l'emportera sur le pondéré que s'il l'égale en savoir. L'inspiration !... L'inspiration est une grâce et, de même que la grâce, n'est pas tout, en ce

---

(1) Combiner, arabesquer sans autre guide que sa fantaisie, c'est créer de l'ornemental, rien de plus.

sens que si l'on n'est point préparé, instruit pour en profiter réellement lorsqu'elle nous arrive, on vibre sans réaliser. Ce que nous louons dans un maître, ce n'est pas son inspiration, puisque faveur divine, mais ses qualités individuelles, l'art dont il fait preuve pour concrétiser cette inspiration; et si le contraire était vrai, le grand artiste serait un inconscient, aussi peu digne d'admiration qu'un medium. L'inspiration n'est que virtuelle, elle ne dispense personne de la culture des dons de nature. Ayons donc le courage d'approfondir notre art jusqu'en ses arcanes les plus ardus, l'amour se prouve par des sacrifices; pour gagner l'auréole d'artiste comme pour faire son salut, l'intention ne suffit pas, il faut l'œuvre. On ne cède que trop, aujourd'hui, aux tentations de débuter par des ébauches, ou des fignolages pires, et de sacrifier au succès immédiat. Pensent-ils à la place qu'ils occuperont dans l'histoire nos producteurs prématurés ou hâtifs?

Jadis, toute éducation d'artiste était orientée vers le décoratif, jadis... mais jadis ignorait le Salon. Le Salon! fauteur d'hérésies et de mercantilisme. Parce qu'il dispense une gloire prompte et tarifée, peintres et sculpteurs, — à de rares, trop rares exceptions, — se figurent qu'une fois « hors concours », ils mourront en odeur d'immortalité, et cette seule obsession les hante : faire leur salon. *Faire leur salon*, c'est-à-dire exagérer les mouvements, paroxysmer les contrastes de tons, attifer leur toile pour qu'elle tapage, camper leur statue pour qu'elle raccroche; car, quelles finesses se *tiendraient*, quelle distinction captiverait le regard en ce déballage absurde où les envois se pêle-mêlent incompatiblement accouplés! Les voilà, abandonnant les quelques principes d'esthétique encore connus pour les procédés de fabrication, les voilà se condamnant à travailler leur œuvre comme l'artisan confectionne, avec le vil souci d'allécher le client par l'étalage. Ainsi s'habituent-ils à produire sans émotion, pour le vain plaisir de gâcher de la pâte ou de la glaise et montrer leur connaissance du métier; à ce jeu, on acquiert de la patte et l'on tue l'inspiration.

Si encore ils exprimaient de la vie! au moins leur plastique intéresserait-elle malgré que commune; mais non, esclaves de l'hylique, ils ne se doutent pas que cette vie s'exprime par les attitudes et les gestes plus que par la traduction fidèle de l'anatomie des formes. Une pose ne les séduit, ces quelconquistes, qu'autant qu'elle leur permet de faire parade de virtuosité; s'ils s'adressent d'abord au sens de la vue, c'est sans s'inquiéter du mouvement naturel, de l'équilibre des rythmes; leurs préférences vont, comme celles du comédien, à l'effet qui *porte*, d'où ces figures à postures de filles attendant le chaland et banales à dégoûter du nu. Si bien que l'homme de goût en arrive à fuir ces foires encombrées, malgré la sélection, de notes impersonnelles, vulgaires jusqu'à l'ennui, convaincu que l'agonie des salons sera l'aurore d'une renaissance.

Exécuter des projets alliables à quelque architecture n'est pas plus onéreux que de rééditer des tableaux de musées ou de clicher l'éternelle figure d'étude; oui, mais exposer une idéale décoration d'intérieur, cela ne pose point. Les sculpteurs préfèrent se confiner en le plâtre inexpressif, providence des éditeurs de bronzes, les peintres en le tableau de chevalet *accrochable n'importe où* et décemment installable nulle part, genre bâtard mis en faveur pour l'enrichissement des intermédiaires. Le public ne réclame pas autre chose, soit, est-ce une excuse? Ne rien sacrifier des principes de son art aux caprices ambiants, voilà la mission de l'Artiste; s'il s'en moque, il devient aussi méprisable qu'un prêtre qui rirait de la sainte messe.

Ceux des belles époques, — ô petits maîtres qui traitez l'art comme une fille! — ceux des belles époques, les Croyants, les embrasés d'amour pur, ceux-là n'œuvraient rien qui n'eût sa destination et dût impressionner autre part, ceux-là ne pensaient point à surprendre les suffrages d'un public, ils s'adressaient à la collectivité, ceux-là ne flattaient pas des passions, ils parlaient à l'âme. Mais voilà, le décoratisme exige quelque idéalité, des connaissances longues à posséder, et les courtiseurs du succès facile préfèrent cette production hâtive entre laquelle et l'œuvre d'art existe la même différence qu'entre le reportage et l'œuvre écrite, ces insignifiances qui rendent un périple du salon banal comme la lecture d'un quotidien.

Depuis longtemps déjà, l'aspirant-artiste ne reçoit plus la science de son art, ses éducateurs ne lui apprennent qu'à peindre ou à modeler une figure. Et les artistes ne font rien pour suppléer aux lacunes de l'enseignement, au contraire. Peu dessinent encore dans le sens précis et complet du mot, les plus fameux, les plus laurés ont le dessin *habile*, non pas *savant*. Quelques-uns même, débutants pour la plupart, trouvent excessive l'étude sérieuse du dessin, ils se contentent d'agrandir des pochades, s'en tiennent au déshabillé de l'inspiration, trouvent plus suggestif l'indéterminé, érigent en principe le sans goût ni grâce. Signe alarmant, le nombre diminue de ceux capables de la bonne construction d'un nu, du rythmisme décoratif d'un thème.

Le décoratif! oh! les jeunes en parlent tous favorablement, mais peu le connaissent; on n'a pas cultivé ce sens en eux et leurs tendances vont ailleurs, — *ailleurs* qui menace d'en dévoyer beaucoup. Attristant spectacle, Carpeaux et Puvis de Chavannes, qui devraient exercer une salutaire influence, sont imités, non compris; ce ne sont pas les principes de déontologie murale qu'on cherche à pénétrer en leurs œuvres, c'est le mystère de l'exécution, constatez-le par les concours auxquels donne lieu la décoration de nos monuments. Semblables aux contemporains de Lessing, novateurs et réminiscents « représentent le moyen comme s'il était le but », piédestalisent l'exécution. Pour certains, harmoniser la peinture avec l'architecture consiste à lucifier ou à décolorer, ou encore à couvrir de vastes superficies; leurs figures, ils les assemblent, ils ne les *groupent* pas. D'autres qui s'efforcent au décoratif le confondent avec l'ornementalisation des lignes, cas de M. C. Pissarro, ou avec le géométrique, cas de tous ceux qui rompent avec la Tradition. Quant aux académiques, ces démarqueurs des cinquecentisti ne savent lire en les pages qu'ils pillent ni les lois de la mise en place, ni la stratégie des lignes; tendent-ils à décorer un mur, ils ne peuvent qu'agrandir un tableau.

Or, une toile n'est pas décorative parce que kilométrique, et le marouflage ne fait pas la fresque, pas plus que des figures *venues en colonnes* ne constituent le bas-relief, et des *mouvements* un groupe. On lie à l'architectonique, on adapte, on incorporise au mur : par l'Unité de composition et d'échelle, l'interprétation synthétique des personnages et de la nature; par une noble simplicité d'arabesque (1), un contraste rythmique des vides et des

---

(1) L'arabesque est la ligne fictive, (serpentine ou brisée) qui relie entre eux

pleins, peu de profondeur perspective, aucun abus de raccourcis. La tonalité lumineuse, mais *sobre*, mais *diffuse*, sans taches trouant la paroi, complémente les *lois* de cette prosodie des lignes, *lois* calquées sur celles qui régissent la nature, lois auxquelles ne suppléent ni les vertigineuses pitreries de brosses, ni les cabotinages de mise en place. Une attitude suffit à garnir rythmiquement, congrûment un espace. Voilà pourquoi sont décoratifs : *la danseuse voilée de Tanagra* au même titre que *la Victoire de Samothrace*, le *Persée* de Cellini autant que le *Jubé* de Chartres, *l'Homme au gant* que *les Fileuses*, le *portrait de Bertin l'aîné* que *Romulus remportant les dépouilles opimes*, *le pauvre pêcheur* que *l'enfance de Sainte-Geneviève*, pourquoi aussi le Delaroche de l'hémicycle n'est qu'une *illustration* et le J. P. Laurens du Panthéon *un tableau*.

* * *

A la sotte manie de cataloguer et d'immatriculer à outrance, nous devons cet indéracinable préjugé : hors du tableau ou de la statue, pas de grand art.

Quel artiste ose rêver d'un style ornemental nouveau ? Ce serait se déclasser, mal tourner, choir dans l'industrie. Même les petits jeunes gens de l'école se croiraient déshonorés de chercher le dessin d'une lampe ou d'une chaise. Oh ! fausse honte stupide ! Mais inventer un galbe de vase correspond à trouver une attitude inédite, mais créer un meuble, un bijou, une vêture, prouve des dons d'artiste, et non ordinaires. En quoi cela diminue-t-il le

---

les rythmes linéaires concourant à la partie principale d'une composition. Une composition peut avoir deux et même trois arabesques, exemple : *la dispute du Saint-Sacrement*.

Sansovino d'avoir sculpté un marteau de porte et Cellini d'avoir ciselé des aiguières? Il n'y a de déshonorable que la perpétration d'un mauvais tableau, d'une piètre statue. Il me plairait, à moi, que les artistes dictassent la mode, dessinassent nos costumes, imposassent leur fantaisie et leur goût à la forme du chapeau ou de la bottine, jusqu'aux nuances des étoffes. Comme nos contemporains prendraient vite du caractère.

Actuellement, aucun de nos dignitaires ne se doute qu'il y a autant d'art à concevoir la décoration *ornementale* d'une salle, voire le dessin d'une tenture qu'un arrangement de personnages; tous les efforts officiels tendent à forger des continuateurs de feu Cabanel et de M. Falguière, d'où tant de médiocres et de ratés. Eh bien, ceux qui élaborèrent ces programmes furent, esthétiquement, des brutes; par les Éponymes de l'Hellade, par les très saints Maîtres des siècles de foi! tel qui croit à un art inférieur s'inférioriser soi-même. Au dessus des arts, il y a l'Art.

Inhérente aux belles civilisations, l'ornementalité révèle le génie inventif d'un peuple, le goût d'une époque; la dilection des Hellènes pour l'harmonieux se reconnait jusqu'en un modeste bijou, une simple poterie; qu'apprendront nos bibelots aux âges futurs?... que nos plus renommés fabricants s'émulaient à satisfaire les petits-fils de Turcaret. Combien banale notre orfèvrerie à côté des joyaux de la Renaissance! Combien ridicules nos bonbonnières comparées aux délicates merveilles du siècle dernier! Et qu'a démontré la section des objets d'art au Champ de Mars installée? que nos ornementalistes, — tout au façonnement de la matière et convaincus (inchoatif de déchéance) que l'originalité d'exécution se passe de l'originalité de conception (1), — s'insoucient de créer un style. Chaque artiste, à présent, paraît absorbé par les vétilles de son genre, les uns réservent leurs soins aux colorations rares et aux difficiles cuissons, d'autres prodiguent leurs caresses aux patinages stupéfiants, tel se dépense en la xylophylie, tel autre en la marquetterie, l'hyalurgie accapare celui-ci, l'orfévrisme celui-là. Aucun n'innove une forme harmonique, ce qui constitue le style, en ornemental.

A qui la faute si le bourgeoisisme envahisseur a rococosié le goût de ce temps? quels obstacles lui furent opposés! Loin d'inciter à la recherche de formes nouvelles, de structures significatives, les richissimes amateurs préfèrent vivre dans le passé ou l'exotisme, s'entourer d'un somptueux bric-à-brac, de rares curiosités, dépenser en l'achat de vieux bahuts plus qu'il ne faudrait pour établir tout un ameublement d'un style qui réponde à notre modernité. Et l'État, auquel incomberait le devoir de maintenir l'éclat de nos industries artistiques, à bon escient si réputées jadis, — l'État s'en désintéresse, ce semble, puisqu'au lieu d'organiser l'École des arts décoratifs de façon qu'elle méritât son titre, il l'a laissée dévier de son but, devenir une institution préparatoire à l'école de la rue Bonaparte.

Cette lacune, il serait préférable, sans doute, que l'initiative privée la comblât; peut-être un intelligent Mécène entreprendra-t-il, quelque jour, cette noble tâche, mais en attendant qu'il se présente?...

Les manufactures nationales, les écoles professionnelles insuffisent à remplacer les maîtrises avec lesquelles

---

(1) C'est un modeste forgeur, M. Sarlat, qui a le mieux témoigné d'un désir de forme nouvelle, dans l'adaptation de la fleur aux objets usuels. (1re Exposition de la Rose-Croix).

a disparu cette forte éducation technique qui contribua tant à notre suprématie, gravement compromise aujourd'hui par la funeste division du travail. Au maître-ouvrier de son art a succédé l'industriel spéculateur : parachever des apprentis, temps perdu; l'honneur national, mot déplacé dans les affaires. Et nos grandes maisons, se bornant à transformer plus ou moins ingénieusement leurs vieilles collections de modèles, à répéter au hasard de la mode le style de tel ou tel siècle, voient leur exportation baisser d'inquiétante façon.

« Croirait-on avoir produit un candélabre, dit M. Bracquemond, parce qu'on aurait fait un trou dans la tête d'une statue et qu'on aurait planté une bougie dans ce trou. C'est pourtant le symbole de l'art industriel d'aujourd'hui. » Mieux compris à l'étranger, l'enseignement de l'art ornemental y donne depuis quelques années d'assez sérieux résultats pour que notre gouvernement s'en soit ému; les rapports subséquents, ont appris qu'à Berlin, Saint-Pétersbourg, Vienne, Anvers, les élèves ne prennent leurs motifs que dans la flore et la faune indigènes, d'où un art original autant qu'endémique. Découverte plaisante, ma foi! comme si, de l'Hellade au Niphon, les peuples artistes avaient jamais procédé d'une autre manière! Il a fallu — ô nigauderie administrative! — une mission en terre étrangère pour constater ce que démontraient amplement les rosaces et les chapitaux de nos églises ogivales!

Lors, qu'attendent les membres du Conseil supérieur des Beaux-Arts pour imiter nos voisins? Que la concurrence de ces derniers prenne des proportions formidables? Notre pays présente ce singulier phénomène que, plus ses gouvernants affichent des idées réformatrices, plus ses fonctionnaires sacrifient à la routine. Rien ne les saurait arracher à leur assolement saugrenu.

Et pourtant, quoi de plus rationnel que d'appliquer à l'ornementation l'étude directe de la nature! que d'interpréter décorativement nos jardins et nos bois si richement parés!

Mais non, loin de laisser les élèves donner carrière à leur imagination, les trop réfringents professeurs s'ingénient à les tenir en lisières. A ces compatriotes de Palissy, on impose encore la copie de la palmette grecque et, après les avoir abrutis sur le plâtre fastidieux on les envoie piller leurs matériaux dans les musées et les bibliothèques, on les incite à démarquer les styles antérieurs, on les rend simiesquement habiles, mais impuissants à innover. Étonnez-vous ensuite que le public, ne trouvant pas à assouvir sa soif de neuf dans cet ajustage bâtard, tout de réminiscences et de pastiches, fasse fête au japonisme attrayant par son imprévu.

Si, d'autre part, existait une École qui centralisât l'enseignement technique et esthétique des multiples branches de l'ornementalité, l'encombrement des carrières artistiques ne constituerait plus un péril social, car une nation n'a jamais trop d'artistes lorsque de leur talent elle sait tirer parti. Le système d'élève en vigueur est tel qu'après un long séjour dans les écoles spéciales et obtusément spécialisantes, les *sans fortune* se voient réduits pour subsister aux ingrates besognes des métiers à côté! Peu d'entre eux résistent à cette vie déprimante et, n'œuvrant pas, deviennent des forces perdues; là, le danger.

Rendez leur accessible au contraire, cette ornementalité aux ressources intéressantes et variées, ouvrez ce champ d'exercice à leur savoir, leur goût, leur conceptivité; bref, en les incitant au style, initiez-les complètement au *métier* des industries d'art; nul doute qu'ils ne les relèvent vite et ne s'y montrent sans rivaux.

Oui, mais voilà, l'État s'indiffère aux projets adventices et les Bachelier d'aujourd'hui préfèrent employer leurs capitaux à relustrer l'Institut, ce qui fait que l'École des arts décoratifs ne remplacera pas demain ses sombres et moroses classes par de riants jardins, et que nos magasins resteront longtemps encore ces bazars où l'on trouve l'art de tous les temps, l'art de tous les peuples, tous les arts excepté l'art français.

Bah! mieux vaut, peut-être, qu'il n'existe pas de foyer d'enseignement, — non parce que manquent les éducateurs capables, mais parce que l'officiel ne sait pas les trouver. Si demain doit surgir un art ornemental, il n'en sera que plus original issu d'individualités libres.

CHAPITRE X.

LA SCULPTURE DÉCORATIVE

> On peut comparer (les ornements d'un édifice) à un vêtement qui ne sert qu'à couvrir le nu ; et plus un édifice est grand dans son plan, moins il exige d'ornements : semblable à une pierre précieuse qui ne doit être enchâssée, pour ainsi dire, que dans un fil d'or, afin de mieux conserver tout son éclat.
> *Winkelmann.*

Rehausser de couleur l'ornementation d'un monument c'est en renforcer l'effet, c'est lui donner de la vie. Solidaire de la construction, alliée à ce que Daniel Ramée appelle les dispositions abstraites et muettes de l'architectonique, la couleur ajoute au mystère et spiritualise la matière.

Du Gange à l'Hélicon, de Thèbes aux cent portes à Ninive la grande, les peuples à sens décoratif, tous sans exception, polychromisèrent leurs palais et leurs temples, ces symboles maçonnés dont les vestiges nous stupéfient d'admiration. Alors les artistes, afin de mieux allier leurs icones à une architecture recouverte d'ornements peints, teintaient celles-ci ou les formaient de matières aux tons différents. Byzance, avec frénésie, gemma d'un luxueux coloris ses narthex, ses naos, ses coupoles ; par de luxuriantes unions d'arabesques et de gammes, l'Islam érigea maints joyaux ; et dans l'Italie, et dans la France, du xime siècle au xvme, la chromatisation des figures sculptées fut en grand honneur.

Sans doute, les lignes ont leur langue et leur éloquence, voire leur musique; rythmiquement combinées, elles peuvent atteindre au style, au majestueux, l'impression générale n'en restera pas moins sévère ou triste. Monument sans colorations : parc sans fleurs, jour sans soleil; il pourra en imposer, émouvoir jamais. Aussi, lorsque nos Primitifs, incontestables déontologues du mur, n'enluminaient pas leurs poèmes de pierre, avaient-ils soin d'en animer les chapelles les plus pénombrées au moyen des éclatants vitraux, ces yeux de flamme.

La fresque, excellent mode de tempérer la froideur d'une ossature architecturale, ne s'adapte pas à tous les édifices; elle exige, pour ne point dissoner, des dispositions spéciales d'éclairage et d'entourage que la destination d'un lieu ne permet pas toujours. Ainsi, Saint-Sulpice, Saint-Denys du St-Sacrement tuent les Delacroix, et la plupart de nos églises nuisent aux peintures qui revêtent leurs soubassements, soit par insuffisance de recul, soit par pléthore d'obscurité. Quelle absurdité, d'autre part, que de doter de toiles ces foyers de théâtre qu'on ne peut visiter que le gaz allumé. Le bas-relief, au contraire, trouve place un peu partout et, mieux que la fresque, s'incorpore à l'organisme architectonique; avantage précieux, il gagne à la chromatisation plus que la ronde bosse, dont le rôle se borne à complémenter par ses directions linéaires celles du motif qui l'encadre. Aux reliefs décoratifs recouverts de tons que ne peut-on faire exprimer! Les lois de l'harmonie chromatique leur sont applicables de même qu'au tableau ; quelques teintes complétives exaltées ou pacifiées, une dominante ingénieusement dosée, suffisent pour écrire le caractère d'un monument. Et, comme le teintage des saillies présente le grave inconvénient de mal résister à l'action du temps, comme il ne pénètre pas intimement la figure humaine qu'il farde plus qu'il ne pare; l'innovation salvatrice sera d'exécuter bas-reliefs et partie ornementale avec une matière ductile *artificiellement* teintable.

Les Hellènes, mortels avisés entre tous, avaient inventé certaine pâte vitreuse dont l'usage se répandit vite de la Campanie au Latium; leurs spécialistes l'employaient segmentée en petits cubes de différentes couleurs et façonnaient avec une infinie variété ces mosaïques, ces *lithostrota* dont s'engouèrent si fort les patriciens romains, au dire de Pline et de Sénèque (1). D'habiles *tessellarii* arrivèrent par ce système à bâtir, à marqueter des scènes familières, même de vastes compositions, telle cette fameuse « bataille » dite d'Issus ou d'Arbelles, œuvre de Dioscoride le Samien, exhumée dans la maison du Faune, à Pompéi. Le secret de cette préparation, les cendres vésuviennes ne le livrèrent point, et l'émail n'y saurait suppléer qui gauchit contours et modelés, qui enlinceule les personnages sous son enduit glacial. Appliqué à de vagues silhouettes, l'émail des Perses, d'ailleurs plus finement floridisé que le nôtre, contribuait, je l'admets volontiers, à l'éblouissant aspect des apadànas immenses; mais je ne sais rien de plus barbarement anti-décoratif que celui aux reflets brutaux, au poli sans transparence des Della Robbia.

---

(1) Beaucoup moulaient aussi cette préparation sur les pierres gravées, l'appliquaient à la décoration des vases. Pline renseigne utilement à ce sujet. (L. xxxv, c. 6, sect. 26 et c. xxxv, c. 25, sect. 64).

Eh bien, cette pâte de verre des anciens, un artiste doublé d'un savant, Henri Cros, chercha le moyen de l'obtenir bien avant que ses contemporains se souvinssent des reliefs teintés à l'hellénique. Et, malgré les nombreux obstacles qu'il rencontra dans son entreprise, sa foi vainquit, ses efforts aboutirent. Mais, de cette pâte laborieusement reconstituée (par quel miracle de volonté!), il se sert mieux que les Campaniens; au lieu de mosaïquer, il modèle avec elle des bas-reliefs au charme de fresque. Trop souvent, tel qui retrouve un merveilleux secret ou engendre quelque procédé transformateur, s'absorbe en sa technie, dégénère en artisan; à cela Henri Cros échappe, grâce à son heureuse hybridité. Ses iconoplasties n'ont pas que l'attrait d'une rare préparation difficile à bien cuire; la transmutation qu'obtint en ses creusets l'alchimiste, l'esthète ne la considère qu'un cément à son idéal, qu'un moyen de représenter ses rêves.

Henri Cros est de ceux qui entrevoient, selon l'aphorisme de Chateaubriand, « une perfection au dessus de la nature et qui n'existe que dans notre intelligence », il éthérise le tangible, d'un nu, il sait créer l'Œuvre. Devant ses bas-reliefs simples et grands d'ordonnance, devant ses bas-reliefs, évocateurs suaves d'un passé séduisant, je m'abstrais de l'ambiance et rêve à du Longus. Aux Grecs, assurément, le filient son esthésie et son goût, c'est à l'Hellade, à ses mythes poétiques, qu'il demande l'inspiration, et ne semble-t-il pas que l'aient initié à l'art de pétrir la forme les *signofingistes* de Tanagra?

Si, cependant, en lui, le sculpteur rappelle l'antique, la vision du chromiste est moderne, très délicatement moderne; à sa pâte il impose et les tonalités opalines de la palette de Puvis de Chavannes, et la diaprure pastellisée des ailes de papillons. Sansovino, Vecchieta, Mino da Fiesole, Donatello, Germain Pilon *coloraient*, lui *nuance*; et, pyriquement fixées, ses carnations aux fraîcheurs de fleurs défient les siècles. C'est qu'il n'est pas seulement apte à pétrir l'argile et à fouiller le marbre, il n'ignore rien de ce qui concerne encaustique et couleurs. Mais le docteur ès-arts du feu le cède toujours à l'artiste; pas de danger qu'il se contente du mouvement banal ou sacrifie l'unité au morceau. Ah! celui-là, loué soit Apollon Pamphégès! celui-là repose et console de l'industriel qu'est le sculpteur contemporain.

A présent, maître de son procédé, Henri Cros expose chaque année de nouvelles merveilles sans pouvoir donner la mesure de son talent; il lui manque de vastes surfaces à décorer.

Entre le Céphise et l'Hymette, on eût salué favori de Pallas et du dieu de Délos, et lauré, et magnifié ce plastochromiste à lui seul Phidias et Panénos; on eût fait élever maints temples, maints portiques, exprès pour qu'il en ornât les parois.

Sur les rives de la Seine, un État qui prétend compter parmi les nations policées, a laissé ce nouveau Palissy construire son premier four lui-même, accumuler les expériences à ses risques et périls, lutter seul contre d'indicibles obstacles; car, cet État qui joue au Périclès en faveur des médiocres, devient plus ladre que Patrocle dès qu'il s'agit d'aider un génie non connu; car cet État qui fait profession de sentiments humanitaires spécule sans vergogne sur la foi de ses novateurs.

« Un général ne place point aux postes périlleux un soldat lâche et débile; — disait le fils du vainqueur de Mycale, — je serais non moins blâmable si je confiais les richesses et la renommée de notre patrie à des artistes sans habileté. Les Lacédémoniens précipitent dans un gouffre les enfants difformes, afin de ne point nourrir des citoyens inutiles : ainsi, je veux ôter l'espérance aux sculpteurs et aux peintres qui n'ont pas le sens de ce qui est beau, car si l'État les employait, ils n'apporteraient que du dommage ».

Les ilotes que sont nos archontes abandonnent nos édifices nationaux à des gens qui en scandalisent les murailles; nos pauvres monuments! Aujourd'hui magasins de débarras, demain le règne des ingénieurs les réduira à trois types : la gare de chemin de fer, la caserne, le temple protestant.

Reste heureusement l'initiative privée, car la découverte d'Henri Cros est appelée à transformer la décoration de l'intérieur; rien ne s'allie mieux que l'hyalinité de sa pâte avec les somptueuses tentures, les tapisseries d'époque, les ébénisteries sculptées. Plus discret qu'une toile et moins austère qu'un plâtre, le bas-relief fresqué éjouit la vue et transporte la pensée au pays du songe; n'est-ce point la moitié du terrestre bonheur? Et quand Henri Cros ne contribuerait qu'à rendre le style aux demeures modernes, n'aurait-il pas encore bien mérité de l'Art?

Los donc à ce pur esprit qui semble avoir été oublié par les beaux siècles pour la joie des Esthètes et la honte des gâcheurs de glaise de ce temps, los au rénovateur de la sculpture polychrome, au dernier des Grecs, los, trois fois los !

CHAPITRE XI.

LA DÉCORATION DE L'INTÉRIEUR

> Vous payez 100,000 francs un paysage d'Hobbéma, et il ne faut pas 100,000 francs pour décorer votre palais. Vous payez 40,000 francs une petite toile, parce qu'elle a du mérite, mais surtout parce qu'elle a trois pouces carrés, et pour 40,000 francs vous verriez les quatre parois de votre plus belle salle se couvrir de vastes et nobles compositions. Que dis-je ? une seule note de votre tapissier dépasse trois fois le prix des fresques de la Farnésine.
> *Beulé.*

C'est ainsi qu'en 1860, Beulé apostrophait les amateurs; que dirait le sagace archéologue, aujourd'hui que les milliardaires achètent les toiles comme les filles, en raison du tapage qu'elles causent, selon que la mode les cote.

Par décoratif, nos contemporains, qui dénaturent beaucoup de choses et changent le sens de nombreux mots, entendent *l'ornemental* et ne lui accordent qu'une attention dédaigneuse malgré qu'il ait conquis son droit de salon; vieux préjugé! Décoratif! Eh! quel figuratisme (1) peut ne pas l'être! A quel artiste vraiment supérieur manqua jamais l'entente décorative? Distinguer deux arts et tenir pour altissime non pas le décoratif mais celui par lequel s'obtiennent les décorations, voilà qui peint

---

(1) *Figuratisme.* L'art d'interpréter la figure, le nu.

une époque. Conséquences : tel touriste qui n'effleurerait pas du doigt les tableaux de musée briserait sans remords un motif de chapiteau pour emporter *en souvenir ;* tel amateur qui ne suspend chez soi qu'œuvres marquées au coin de la maîtrise tolère à ses plafonds des moulures mécaniques, tout le commun estampage moderne.

Et notre grand Puvis de Chavannes mécroit à la dégénérescence de la race! A-t-il donc oublié le temps peu lointain cependant où l'administration d'Amiens faisait antichambrer *Ludus pro Patriâ?* où les gens de Lyon recevaient le *Bois sacré* comme un rouleau de papier d'emballage! à moins d'attendre la transformation de Notre-Dame en maison de rapport, le badigeonnage à la chaux des murs du Panthéon...

Est-ce une race dans la plénitude de sa force, celle dont l'esthésie se déprave ou se trivialise? Et ce mal ne phagédénise-t-il point la nôtre? Rien ne révèle mieux la somme de goût d'une société que les cadres où se déroulent les existences de ses membres; eh bien, qui se soucie aujourd'hui de styliser sa demeure, de lui imprimer un caractère d'ensemble? Qui attache importance à l'homogénéité de l'ameublement? à la concordance des tentures, des tapis et des fleurs, à l'affectivité de leurs nuances? Qui proscrit les objets de toilette à l'ornementation banale!

Le sens de ce qui convient manque, je l'ai montré plus haut, à nos artistes et à nos dilettanti; les uns ne savent pas plus disposer un intérieur que les autres créer un meuble de style. Ceux encore assez gens de goût pour ne pas s'entourer de ces japonaiseries si mal à leur place sur nos murs; ceux-là, trop collectionneurs et pas assez sensitifs, encombrent leur *home* de tableaux qui se nuisent réciproquement par l'or des cadres ou les contrastes de tonalités; leurs salons, trop fidèles réductions de nos musées publics, sont aussi dépourvus d'intimité, d'harmonie d'ensemble qu'une boutique d'antiquaire.

Mais d'abord, comment un public qui, en désir de toile peinte, ne s'adresse pas directement à l'artiste, trouverait-il quelque chose d'afférent à ses lambris? Or, il est légion le monsieur qui va faire son choix au salon, comme va sa femme en les grands magasins et sa bonne au marché : semblables au collectionneur ignorant qui achète parce que « c'est vieux », notre homme achète parce que « c'est au salon », le numéro du catalogue lui tient lieu de marque de fabrique. De la sorte, il garnit son intérieur, il ne l'orne pas; aussi n'y goûte-t-il aucune jouissance et préfère-t-il le cercle ou le café. Quant au gentleman, le club et le sport ont tué en lui le dandysme, seule l'installation de ses écuries le passionne, pour le reste, il s'en remet à son tapissier.

Ah! on les compte les affinés qui parent, disposent leur home comme ils soignent leur mise, — en parfaite consonance avec leur personne; on les compte, ils ne comptent pas. « Depuis le xviime siècle, — dit Viollet le-Duc, — on a mis en honneur bien des hypocrisies et nous avons l'hypocrisie du goût, comme nous avons l'hypocrisie religieuse. » L'hypocrisie du goût : Correctitude, Quelconque, Disparate, — trimourti dont l'emprise déshonore ce siècle, tant elle en snobise la « direction régnante », ô M. Taine! Signe grave. Nul ne faut impunément aux Normes; qui perd la compréhension de l'Harmonique discernera-t-il longtemps le juste de l'injuste?

Comment réagir contre le Yankeesme envahisseur ? Comment aristiser les demeures pitoyablement luxueuses de par l'immixtion du tapissier ? Par la décoration murale. Or, le paysage, quoi qu'en ait pensé Vitruve, se prête délectablement à cette tentative de renaissance. Gloire des midis ensoleillés, voilettes nébuleuses des temps gris, splendeurs aurorales, hyalinités crépusculaires, danse des rais sous la feuillée, moire coruscante des ondes. Sourires de printemps, langueurs automnales, riens délicieux ou importants spectacles. Quels thèmes l'inépuisable Nature ne fournirait-elle pas à la fantaisie d'un artiste !

Cet art dont les Japonais eurent l'intuition et que leur infériorité native laisse à l'état embryonnaire, à nous de le développer au moyen de notre originalité de race et sans déroger au savoir acquis. Nicolas Poussin, Claude Gellée, Corot ! voilà les guides à consulter, surtout Poussin, altier génie encore si mal compris, si peu estimé à sa juste valeur.

Le maître des Andelys, Le Lorrain *composèrent* le paysage et en tirèrent des effets, quelquefois théâtraux, décoratifs toujours ; ces virtuoses de la perspective savaient établir la profondeur d'un ciel et la dégradation des plans, aussi leur œuvre revit-elle en la gravure. A présent, le travail exagéré sur nature réduit le paysage aux proportions du passe-temps d'amateur, et comme on ne sait plus la valeur des lignes, on se contente d'un dessin canaille sans s'inquiéter de ce qui restera de telles pochades, une fois passée la fraîcheur des colorations, — cette beauté du diable.

Eh ! Corot aussi, ce respectueux du vrai, travailla sur nature, et non sans la serrer de près, mais sa vénération pour le tectoniste de *Moïse sauvé des eaux* le retint de transcrire, le sauva du motif banal ; quelle que soit la contrée où il a choisi ses bocages, dryades et sylvains y paraissent chez eux. Et pour avoir beaucoup su, pour avoir donné la vie à des figures qui surprenaient Flandrin, il n'en reste pas moins, des paysagistes de son époque, le plus intime, le plus émotionnant.

Millet, autre fervent du rustique, c'est l'auteur de *scènes*, le concepteur de *tableaux* ; il a vu le *village* plutôt que la campagne, ce qui l'a frappé, c'est moins le décor que les personnages ; il a vécu leur vie, caractérisé sculpturalment leurs attitudes, écrit leurs travaux en éthopoète simpliste et grandiose. Corot, recueilli sous bois comme prêtre en l'église, a dégagé l'âme de la Nature. A lui, Poète, convient entre tous, cette gentille expression de J. Péladan « le paysagiste est un prisme sentimental appliqué sur un site ». Ami des beaux arbres, traducteur inspiré de l'inexprimable des heures indécises (O la fluidité de ses cieux !), du mystère des frondaisons embrumées, Corot est voué à l'admiration de tout contemplatif.

Toutefois, si l'air circule en ses toiles à causer l'illusion de la feuillée qui bruit, il ne faut pas l'attribuer seulement à ses sentiments exquis, ses qualités natives. Ferme logicien, le peintre de *la Compagnie de Diane* n'a jamais marché au hasard ; tôt affranchi de toute influence adventice, il établit sa technie sur l'observation rationnelle, *perspective*, des valeurs de tons (1) ; et

---

(1) La valeur d'un ton, c'est la somme d'intensité de ce ton par rapport aux tons concomitants et au ton le plus intense, au ton majeur de la gamme. Observer les valeurs de tons, c'est éviter que les tons ne dissonent entre eux et ne se ressemblent au point de causer de la monotonie. Il faut, lorsqu'on assemble des tons, les orchestrer de façon à obtenir une harmonie d'ensemble, dégradant quelques tons pour en faire valoir certains autres. Ainsi donne-t-on à chaque tache, comme à chaque détail, sa place appropriée dans l'ensemble. Les marguerites étoilant un

cette entente des lois de l'espace vaut à ses atmosphères de conserver leur argent, à ses massifs, à ses sols de rester visibles, voire lumineux en maints endroits, malgré les bitumes des dessus, alors que les opulentes taches d'un Diaz, semées à l'aventure, sont irrémédiablement enténébrées.

Plein-airistes, poncistes, toutes les palettes ont emprunté à Corot (1), tous les « œil peintre » doivent leur subtilité à cet harmoniste en gris; qui recueillit son héritage esthétique? Puvis de Chavannes! Alexandre Séon! Mais parmi les spécialisés dans le paysage? En vain, j'en cherche un autre que Ravier, l'aquarelliste lyonnais, Ravier, qui architecture les terrains et les arbres. Ravier, le Gustave Moreau des verdures et des ciels qu'il vêt de velours rares et de soies somptueuses.

En ce temps qui vit s'exagérer l'importance du naturisme, nul n'a compris qu'il y avait un art particulier à tirer des recherches nouvelles unies aux anciens concepts : le paysage décoratif.

S'il n'est synthèse ou poème, le paysage se doit classer genre inférieur, le peintre qui s'y voue pourra causer des sensations agréables, — esthétiques point. Si, sténographe d'irrorations solaires, annaliste fidèle de l'extériorité, vous faites consister le paysage en la simple notation d'un effet, en le schématisme d'une impression, présentez-le sous forme d'étude, de croquis, de pochade, afin de

---

pré sont, toutes, blanches, faisait remarquer Corot, mais aucune ne présente la même blancheur.

(1) On sait quelles tempêtes déchaîna l'interprétation sincère de ce sage; pour stériliser les dénégations d'un public habitué à regarder les champs dans d'affreux panoramas conventionnels, le chantre de *l'étoile du berger* dut lutter sans trêve, accumuler les chef-d'œuvres. Et toutes ces merveilles sont éparpillées! Et ce maître si national, ce véritable fondateur de *l'école paysagiste française* est à peine représenté au Louvre, presque introuvable dans nos musées des départements!

conserver à votre exécution sa verve et son prime-saut. La pochade, — comme certaines femmes, — ne séduit qu'en négligé, l'entoiletter la guinde sans l'embellir; sortie de son cadre, élevée à la prétention de tableau, elle perd son charme et sa saveur. Une improvisation qu'on retouche, c'est un cri du cœur qu'on rééditerait empesé dans quelque phraséologie maniérée.

Le paysage décoratif ne peut pas plus représenter un coin découpé n'importe où qu'une invraisemblable fiction, il ne faut pas davantage qu'il rappelle la scénographie; il sied qu'il synthétise quelque aspect de nature ou concorde avec un état d'âme. Dans le premier cas, l'artiste tendra à exprimer, par un choix de lignes typiques, essentielles : le bois, le bocage, la plaine, le mont, la gorge, le val, la mer, le fleuve, le lac, etc; et par un harmonisme de colorations affectives, il traduira la multiplicité d'effets que présentent ces motifs selon la saison et l'heure de la journée. A son goût d'élire des effets en rapport avec la destination de la pièce à décorer, gais ou mélancoliques, sévères ou riants. Le suprême serait de révéler non un aspect de nature mais la Nature en raccourci, c'est-à-dire une combinaison de lignes intelligemment rythmées d'après les lois naturelles, afin que, même en l'étroit espace qu'embrasse notre rayon visuel, nous contemplions le jeu de l'universel équilibre, nous jouissions du spectacle de l'auguste Harmonie.

Dans le second cas, si l'artiste comprend ou pressent qu'il y a correspondance entre la nature et nous, il ne peindra jamais que le paysage l'ayant ému, il en dégagera l'état d'âme, ou mieux son état d'âme à lui, car tout cérébral se subjectivise en l'objectif, la nature devient un reflet de son moi. Il y a des paysages suaves, il y en a de désolés, et aussi d'épouvanteurs, — de par leur décor naturel ; mais le plus souvent nous en explétivons, en intensifions l'effet selon notre disposition d'esprit.

La valeur expressive des lignes, excellente pour subsidiariser et souligner, n'écrit rien sans l'adjuvant des nuances et des photogénies, parce que souvent leur signification est double ; la ligne brisée, par exemple, peut aussi bien aider à la désolation qu'à la gaité, cela dépend du dessin de sa silhouette sur l'espace. Ne nous exagérons donc point l'importance sensationnelle des linéatures. A la vérité, un paysage radie de la tristesse ou de la joie, selon que les effets atmosphériques en varient l'éclairage, selon que les saisons, ces magiciennes prestigieuses, en modifient, en transforment l'aspect. Le même site, éjouissant, vu par une après-midi quiète, paraîtra mélancolieux dans la brume vespérale, lugubre dans le clair-obscur d'un crépuscule aux menaçantes nuées, tragique par une nuit d'orage. Le massif d'arbres, banal lorsqu'une lumière trop crue en accuse les ramures, prendra de la majesté lorsqu'il ne se présentera plus que par masses. Quel coin lépreux ne se dorera de joyaux sous les effulgences d'un soleil torride ? quelle aurore charmera lucifiée par un ciel de cendre ?

Disons donc qu'il y a paysage psychique lorsque l'artiste a trouvé dans un effet motif à extérioriser son état d'âme et que, sous l'emprise d'une pénétrante émotion, il a vraiment communié avec la Nature. Cela exige quelque déhiscence à la Poèsie, non telle ou telle technique ; n'en inférez pas une incitation à négliger le métier, il conte d'autant mieux celui qui possède à fond la syntaxe de son art.

Enfin, comme un principe inéluctable de la décoration

murale ordonne d'enserrer des tonalités lumineuses dans de belles linéatures, comme, d'ailleurs, les plus chatoyantes ocellures n'agréabilisent point l'ordonnance ennuyeuse, concluons à la nécessité de *choisir* le site. Et lorsqu'il s'agira de l'interpréter idéalement, de l'arranger décorativement, que ce soit toujours en lui conservant son caractère, en respectant ses conditions d'existence. Le paysage ainsi intégrant à la paroi ne saurait être encadré par de monochromes reliefs, il lui faut la bordure des fresques, une bordure semée ou arabesquée d'ornementations, en *consonance* de composition, de sentiment, avec le thème du panneau, une bordure leitmotiv en quelque sorte.

Quel plus ineffable moyen de transformer nos cases maussades en oasis où puisse halter l'esprit retour des soucis vulgaires !

CHAPITRE XII.

DE LA DÉCORATION AU THÉATRE

> Si la couleur est la lumière organisée, ne doit-elle pas avoir un sens comme les combinaisons de l'air ont le leur?
>
> *Balzac.*

La couleur, qui tant pourrait servir l'œuvre dramatique, nulle part plus qu'au théâtre n'est absurdement employée. Alors qu'un même vouloir devrait régler tout ce qui concerne la mise en scène d'une pièce, on tolère qu'un spécialiste préoccupé de son propre succès teinte les toiles à sa guise, on laisse à l'arbitraire des interprètes le choix délicat et innégligeable des tons du costume. Aucun auteur ne s'inquiète de subordonner à l'âge d'un personnage l'intensité des teintes de sa vêture (1), aucun ne se doute, semble-t-il, qu'il y ait quelque importance à donner un sens aux combinaisons de nuances sous lesquelles paraissent les protagonistes, un sens au bouquet de fleurs qu'est une figuration.

Mais d'abord, au point de vue chromatique, la réforme du costume ne se peut séparer de celle du décor. En ef-

---

(1) Partant du lumineux, apanage de l'adolescence, l'individu doit s'élever au coloré en raison de son degré de robustesse et descendre jusqu'au sombre, à mesure qu'il vieillit, la gamme des incolores. Ainsi, d'ailleurs, opèrent les parisiennes, et depuis belle lurette, guidées par leurs seules intuitions.

fet, malgré que vous vêtissiez vos personnages de nuances adéquates aux idées qu'ils expriment, ils choqueront comme des anachronismes s'ils évoluent dans un cadre du répertoire; entourez-les, au contraire, d'une décoration à tonalité dominante en rapport avec l'esprit de l'action, avec la dominante sensationnelle du dialogue, vous synopsisez et vous obtenez l'Harmonie.

Le peintre, par la manière dont il dispose ses teintes, augmente l'impression que dégagent les rythmes linéaires d'une composition, — son scénario; pourquoi ce qui réussit au tableau ne réussirait-il pas à la pièce de théâtre? n'est-elle pas une succession de *tableaux* dont les personnages parlent et se meuvent! Les couleurs étant pour la vue, ainsi que le démontre Euler, ce que les différents sons de la musique peuvent être pour l'ouïe, pourquoi l'auteur dramatique ne se servirait-il pas des colorations comme il se sert de la musique de scène? pour métaboliser certaines intentions, pour renforcer certains effets. L'émotion qu'il a voulu susciter par tel acte, telle scène, pourquoi ne la mélancoliserait-il pas au moyen des analogues, pourquoi ne l'intensifierait-il pas au moyen des contraires?

Doser les tons des portants et des toiles de fond n'est pas plus extraordinaire en somme que régler la lumière de la rampe et des herses. Sans doute, dans un acte, les scènes se suivent qui souvent présentent des oppositions, mais n'y en a-t-il pas toujours une prépondérante? — l'épitase de l'acte, en quelque sorte, — pour celle-là qui doit *porter*, il siéra de préparer le décor propre à la mettre en valeur.

La couleur! ingénieusement distribuée, elle agit sur les foules presque autant que l'éloquence, quiconque a étudié l'humain troupeau, dans une fête démotique ou quelque cérémonie pompeuse, a pu s'en convaincre. Et le vrai charme du ballet, l'explication de son succès à travers les âges, c'est que, par de gracieuses manœuvres, des nuances incarnées y tracent en cadence de rythmiques linéatures, synchrétisme des plaisirs oculaires.

Il faut bien se garder de croire avec Alcméon que le cœur ne sent point ce que voient les yeux; en vérité, le théâtre a dans la couleur un auxiliaire puissant. Qui sait si l'irradiation rationnelle des teintes ne fournirait pas un moyen de satisfaire l'animalité du public sans sacrifier aux principes d'art? En tout cas, l'œuvre scénique n'étant pas une conférence dialoguée mais une réduction perspective de la vie, elle exige un encadrement qui aide à l'illusion, le dramaturge cérébral aurait donc tort de dédaigner une expérimentation au moins fertile en enseignements.

Faire porter par des comédiens les couleurs de ses pensées! Complémentariser son esthésie passionnelle par la décorations! chose plus subtile que difficile; les récentes œuvres de Séon ne prouvent-elles pas que nos sentiments trouvent un écho dans la multiplicité des nuances? et le décor n'obéit-il pas aux mêmes lois d'harmonie que la fresque? Avec un peu de goût... et les conseils d'un artiste, quel auteur n'arriverait à combiner sa palette, à *habiller* sa pièce, depuis le corsage de ces dames jusqu'aux pantalons... de la cantonade (1) Les collaborateurs

---

(1) Je crois avec Séon qu'il n'y a pas de teintes gaies, tristes, froides ou chaudes, car tout s'exprime par des *nuances*. Il n'y a pas le jaune, il y a des jaunes; des rouges sont sinistres, d'autres éjouissants, tous les bleus ne mélancolisent pas, certains violets clangorent, et glorieusement ; enfin, autant de blancs, autant d'effets divers : argentin, alabastrin, nivéen, éburnéen, rosé, latescent, albugineux, crayeux, albescent, marmoréen, lilial, etc. etc. Quant à esquisser (je n'ose dire dresser) la rose sensationnelle des nuances, cela ne se peut qu'après expérimentation.

idoines, il les trouverait parmi les jeunes peintres déhiscents aux idées nouvelles. Et ceux-là se garderaient de mettre en évidence la plastique des interprètes au détriment des intentions du concepteur; ceux-là, dépris de toute imitation servile et attendant la gloire de travaux autres, consentiraient à brosser un décor de façon qu'il ne détournât point de l'intrigue l'attention du spectateur.

Le prétentieux trompe-l'œil des machines à grand spectacle, espoir des carcassiers, délice du vulgaire, abaisse la scène au niveau du cirque ou de l'exhibition panoramique; quant à la fameuse plantation exacte, — chère aux photographes de la dramaturgie, — faillant toujours par quelque détail, elle reconstitue la vérité à peu près comme reconstitue l'histoire une figuration chienlisée. Le théâtre ne donne et ne peut donner que l'apparence des choses, — ce qui l'élève à l'Art; c'est l'inférioriser que le transformer en kaléidoscope, en agrandissements d'instantanés.

D'autre part, le décor de demain doit-il, « pure fiction ornementale », compléter l'illusion, ainsi que le préconise M. Pierre Quillard, par « des analogies de couleurs et de lignes avec le drame »? Ceci mérite discussion.

Certes, la poésie crée son décor, comme elle crée sa musique, et des fonds monochromes, de sommaires pourpris, ou l'entente décorative selon Séon (arabesque nuancée et projections de lumières colorées) suffisent à la déclamation lyrique, au pur échange d'abstractions, voire à la représentation de mystères, de légendes ou à la pantomime, ce bas-relief animé, en un mot, à tout scénario simpliste en lequel le mythe *prime* ou *supprime* l'action.

Mais, du moment que le rêve ou la métaphysique le

cèdent à l'action, le merveilleux à l'humain, le lyrisme au développement des passions, — et c'est ce qui constitue l'art dramatique, — que l'étude des psychismes, des caractères ou des mœurs, se passe, idéaliste ou réaliste, en une époque précisée ou non, que les personnages, — entités, âmes, types ou silhouettes, — évoquent des symboles, soutiennent des thèses, croisent des idées ou se bornent à vivre la vie, alors s'impose le décor au moins *vraisemblable* de lignes et de teintes, parce qu'il complète la fiction, ajoute à l'intérêt, est à l'œuvre enfin ce que l'écrin est au joyau et le joyau à la femme, — un explétivisme de beauté.

L'innovation consiste donc surtout à nuancer le décor *expressivement*, afin qu'il tienne un rôle dans la pièce et contribue à son unité, afin que, le rideau levé, aucune dissonance ne choque l'œil du spectateur.

CHAPITRE XIII.

DE L'IDÉAL

> Idéaliser le réel, c'est le séparer de la prose et l'enlever au temps, en faisant apparaître ce qui est éternel dans ce qui est périssable.
> Charles Blanc.

Rares, les idéalistes, très, très rares ! En effet, idéaliser implique quelque raisonnement, or, une caractéristique des artistes de ce temps, c'est la pénurie de logique ; se passionnant pour des personnalités plus que pour les pures questions d'art, dès qu'un des leurs les envoûte, au lieu d'étudier sur quelles lois est basée son esthétique, au lieu de s'inspirer du même esprit que lui, ces peu déductifs pastichent sa manière et jusqu'à ses défauts ; ils ne tentent pas l'assimilation de principes, mais le calque d'une originalité. S'efforcer d'être soi en parodiant les tics d'autrui ! Insanes ! et comme il les faut plaindre !

Et leur aberrance s'aggrave de la prétention à légifier et à propager certains cas d'ipséisme qui ne valent que parce que rares. Ainsi furent inoculées les idiopathies de Courbet, de Meissonier, de M. Falguière, de Manet et de Bastien-Lepage, et depuis, l'épidémie du *quelconque* et du *photographisme* exerce ses ravages, transformant en maladreries les Salons annuels.

Obtenir le trompe-l'œil d'un morceau ou la lumière

exacte d'une heure de la journée, là se borne l'appétence des contaminés. Ne voyant de la nature que l'extériorité, préférant le document au ptérien, ils peuvent créer des larves, comme disait Schelling, — des œuvres d'art, jamais. Aux banalités bitumineuses succèdent les insignifiances plein-airisées, simple cas de métastase. Prendre le Vrai illusoire, pour le Vrai immanent! Ils appellent cela faire vrai! Comme si l'Idée n'était pas le seul principe vivant dans les choses, comme si la vraie réalité n'était pas l'Esprit. Présomptueux qui se flatte de représenter *vraiment* les choses comme elles sont en *elles-mêmes*, puisque ceci Dieu seul le sait; à peine en pouvons nous donner une idée approximative.

En effet, le Vrai *réel* des espèces, des choses, est en leur Principe *essentiel*, archétype créé directement par le Verbe. Les individus, ces réalités sensibles, n'étant chacun qu'une reproduction transitoire, une apparence de leur Principe éternel, de son Vrai ne sont qu'un reflet, même lorsqu'ils se développent normalement, car jamais entièrement purs tant que matérialisés. Une comparaison aidera les artistes à comprendre, disons le Vrai réel de chaque espèce un chef-d'œuvre original dont les individus ne sont que des moulages et des réductions. Autant d'individus dans une espèce, autant d'exemplaires analogues, non point identiques; de loin, ces moulages se resssemblent, approchez-vous, tous diffèrent par quelque altération. Qui copie l'un d'eux, même le mieux venu, risque donc de ne point accuser l'esprit (ce que les professeurs appellent le caractère) de l'original en question; cet esprit, vous n'en découvrirez la manifestation plastique qu'en les traits communs aux individus sortis d'une même souche. Comparez entre eux les exemplaires d'un type comme vous compariez, élèves, les proportions de vos modèles, leur longueur pour leur largeur; et, de même que vous étudiâtes le squelette pour connaître, non pas la structure de telle charpente osseuse, mais le mécanisme du corps humain, de même, observez sur les vivants, non le signe individuel, car variable, mais celui de l'espèce, ainsi se dégage l'Invisible du visible. L'artiste qui, percevant un caractère général, saura l'abstraire des formes et le concrétiser, le synthétiser en une Forme (car comment conjecturer quelque archétype qui ne soit une synthèse?), celui-là seul donnera du Vrai une plausible, une logique idée. Mais qu'il n'oublie pas que son art, vivant de perspective, ne peut montrer que des apparences, et qu'il se garde de reconstituer la Vérité au détriment de la Poésie. Vouloir idéaliser équivaut à chercher le Vrai, et, malgré qu'il ne nous soit pas donné de l'atteindre, nous devons y tendre sans cesse, l'ascèse du Beau est à ce prix, ce sont nobles efforts qui rapprochent du Très-Haut.

Iconifier (1) des concepts, prendre ses sujets hors des réalités visibles, ne donne pas droit au titre d'idéaliste. Tel demande des inspirations aux œuvres écrites, tel se confine dans les nus et les allégories, ou tente la plasticité de l'abstrait, qui n'atteindra jamais à l'Idéal; — cas de ceux obéissant aux conventions académiques ou à la sophistique des déformateurs.

Idéaliser n'est pas embellir de chic, mais HARMONISER, et, selon le mot de Jouffroy, *éclaircir une expression.* Pour Charles Blanc, le trop peu lu, idéaliser la figure d'un être vivant n'est pas en diminuer la vie, « mais, au contraire, y ajouter les accents d'une vie plus abondante

---

(1) Iconifier. Traduire par une figure dessinée, modelée ou peinte.

et supérieure, en retrouvant dans l'être les traits caractéristiques de la race ».

Idéaliser se peut traduire esthétiquement : voir avec les yeux de l'esprit, — et en termes artistes : aller à la synthèse en cherchant l'unité. Par conséquent, annihiler tout détail anatomique nuisible à l'ensemble, inutile au mouvement d'une figure; corriger toute laideur, supprimer toute trivialité, tout vulgarisme, purifier le galbe en un mot; relier, homogénéiser les diverses parties du corps en une unité si parfaite qu'on lui suppose une âme. Toutes choses n'imposant point suppression du caractère d'individualité. De préférence, enfin, opter pour les belles lignes, les belles formes; et ne jamais copier, jamais, — interpréter toujours.

Telles les déductions de l'examen attentif des œuvres magistrales, des pages d'inspiration pure, exécutées depuis les Précurseurs jusqu'à Puvis de Chavannes et Burne Jones. Déductions que corrobore la parole de Hegel : « ...si dans ses compositions, l'art emploie les formes de la nature et doit les étudier, son but n'est pas de les copier et de les reproduire. Plus haute est sa mission, plus libre est son procédé. Rival de la nature, comme elle et mieux qu'elle il représente des *idées* ; il se sert de ses *formes* comme de symboles pour les exprimer; et celles-ci, il les façonne elles-mêmes, les refait sur un type plus parfait et plus pur. » Remonter aux archès, à l'idée type de la forme, voilà donc une loi de l'idéalisation (1),

---

(1) A la rigueur, il peut y avoir idéalisation de la forme sans aucune beauté *formelle*, la statuaire antique de l'Egypte, et de l'Inde en fournit des exemples. Mais alors l'art est hiératique et d'un décoratisme très subordonné au monumental, il obéit moins à la nature qu'à une convention. Ce n'est plus à la *mesure*, c'est à dire à ce respect des proportions sans atteinte au libre développement de l'originalité, — que recourent les artistes, c'est au *canon*, c'est à dire à un système de proportions arbitraire, un poncif. Ce n'est plus de l'art, c'est un art, — et pas toujours.

les plus autorisés esthéticiens, quoique divergents par leurs ystèmes, se trouvent remarquablement d'accord sur ce point. C'est pourquoi je pose en principe que l'artiste chrétien doit respecter en le corps humain l'archétype par Dieu créé harmonieux et beau.

*
* *

L'artiste n'idéalise pas qui trace une forme selon ses caprices (je ne dis pas *fantaisie*) ou artificiellise la vie par un Joli banal, ou synthétise dans le sens du laid. L'idéalisation de la forme signifie, en figuration, l'art de ramener cette forme à l'Archétype et ne signifie que cela.

L'idéal ne se voit ni ne se lit avec les yeux du corps, c'est ce quelque chose au dessus de la forme (ce qui n'implique point le dédain de la forme) que Schelling appelait « le regard, l'expression de l'esprit de la nature ». D'après Kant, l'idéal, prototype du goût, c'est « la représentation de quelque chose de particulier considéré comme adéquat à une idée ». Or, il en faut croire Gœthe, « la nature et l'idée ne se peuvent séparer sans que l'art comme la vie soient détruits ». D'autre part, Lamennais a paraphrasé éloquemment que, de par son essence, l'art tend au Beau idéal, correspondant ainsi à « la tendance universelle des êtres à l'Être infini ». L'Art se conçoit donc mal sans l'idéal, — l'idéal qui mène au Beau, et c'est avec logique que Villiers de l'Isle-Adam appela le Beau : « l'Art lui-même ». Enfin, toute figure tracée sur un plan étant idéale (puisque nulle surface, dans la nature, mais seulement des solidités concrètes,), on peut dire l'idéalisme une nécessité de la peinture.

Et quiconque idéalise s'élève au style, car styliser une œuvre, c'est lui communiquer un peu de ce sentiment, — noblesse d'âme ou don poétique, — un peu de ce sentiment d'immatérialiser les choses que nulle esthésiculture n'éveille en celui qui ne l'a pas reçu par une Grâce. Si votre âme est aptère, votre esthésie commune, en vain, vous épurerez vos contours, il leur manquera toujours ce signe d'élection, le Style, sans lequel l'œuvre d'art n'irradie pas de Beau.

Des artistes ont le don d'idéalisation qui ne l'extériorisent pas toujours. L'étonnant Rops en est le type et peut-être en faut-il chercher la cause dans les sujets qu'il traite de préférence. Conçoit-on l'idéalisation d'une figure incarnant des laideurs morales? Ses planches offrent un rare mélange de figures eumorphes et de figures de caractère, mais d'un caractère générique, toujours au dessus de la personnalité. *Son altesse la Femme* synthétise une époque, son Satan est une création, le dire laid manquerait de justesse, il atteint l'horrible. Et voilà ce qui plaide en faveur de l'œuvre secrète du maître aquafortiste, elle ne titille pas, elle fait frémir.

Mais de ce que la représentation de faits-divers ou de scènes quelconques se prête mal à l'idéalisme, il n'en faut pas conclure, comme ceux de l'Institut, à la nécessité d'élire des sujets *nobles*. L'ignarie ambiante oblige d'insister sur ce point : avant tout sujet, il y a le style, — le style ennoblisseur par excellence. Le nu stylisé, c'est à dire le corps humain dans son type essentiel, — entendez, ô artistes, le corps humain débarrassé de tout stigmate d'avilissement, des déformations du travail ou des signes accusant la déchéance d'une race, — voilà le suprême idéalisateur de toute plasticisation de nos concepts. Par le nu, rendu expressif au moyen du geste et affectif grâce à la nuance, tous les sentiments, tous les états d'âme se peuvent traduire, les personnels comme les collectifs, les pérennels comme ceux particuliers à une époque. Par le nu ! Donc, préférez la draperie au costume, car du moment que vous habillez une figure selon telle mode passagère, votre art tombe dans l'anecdote, dans le document ; or, l'art quintessencié (synthétique toujours), c'est de faire revivre en une œuvre, non pas un homme, mais l'Homme, de discerner sous ses avatars, cet humain qui revit sans cesse en l'humanité. Les maîtres de la Renaissance n'ont pas reproduit le costume de leurs contemporains, intéressant cependant, ils l'ont interprété dans le sens *draperie*, n'était-ce pas qu'ils sentaient l'artiste ne devoir être l'esclave d'une mode ?

Si l'idéalisation se peut définir l'art de dégager une âme, un esprit de son enveloppe matérielle, en doit-on formuler que, hors la représentation de l'être, ou de l'animal transfiguré en symbole, l'œuvre iconique manque fatalement d'idéalisme ? Évidemment non. La nature aussi a une âme, et certaines pages de Corot, et maints décors Chavanesques, permettent d'affirmer que l'artiste dont l'esprit perçoit le rapport des physismes avec nos psychismes n'a que faire d'une figure allégorique pour idéaliser ses paysages, — la poésie des lignes, des nuances et des lumières lui suffit.

Quant à ce qu'on est convenu d'appeler *nature morte*, comment l'idéaliserait-on ? Que signifient des fleurs agonisant en quelque vase ! un fruit loin de la branche qui le portait ! Fleur et fruits, pris en détail, séparés de leur principe de vie, ne sont que des accessoires ou des motifs d'ornementalité. Vous pouvez, les disposant avec goût, faire œuvre de décorateur (exemple : les Ségher, les Chardin, les Saint-Jean) — d'idéaliste, jamais.

Et l'Art? demandez-vous? Oh! l'Art plane au dessus de ces distinctions subtiles, nécessaires toutefois, il se manifeste dans l'œuvre simplement décorative comme dans l'œuvre purement idéalisatrice, mais celle-ci mérite la prééminence, puisque de conception plus haute, et d'exécution plus difficile, — puisque plus près de l'Absolu.

CHAPITRE XIV.

DU BEAU

> Non, les yeux que n'ont pas touchés le doigt du Maître,
> Ne peuvent du mortel s'élever au Divin,
> A ce monde idéal où l'on aspire en vain,
> Sans la grâce d'en haut accordée avec l'être
> *Michel-Ange.*

Le Beau ! thème fertile en dissertations qu'il convient de n'aborder qu'avec un respect d'hagiographe, le Beau, « le plus sublime objet après Dieu », comme dit pieusement Winkelmann, qu'est-ce que le Beau ?

L'ordre et la proportion, nous répondent les anciens, Aristote, Galien, Saint Augustin, l'ordre et la proportion, c'est-à-dire l'arrangement des parties et leurs rapports d'étendue. Ces principes générateurs, les modernes les répèteront ou ne feront qu'y ajouter.

Pour Schelling, « ce n'est pas la juxtaposition des éléments qui fait la forme mais leur disposition », celle-ci déterminée par une force positive qui soumet à l'unité des idées la multiplicité des parties de la matière, auxquelles elle donne une position relative et un ordre les rendant capables « de manifester l'idée, l'unité essentielle et la beauté ». La base de toute beauté est la beauté de la forme, — la forme, a-t-il soin d'ajouter, qui ne peut exister sans l'essence, cet élément général, *regard*, *ex-*

pression de l'esprit de la nature. Le Beau, soutient-il encore, — : ce qui est reconnu sans concept comme l'objet d'une satisfaction *nécessaire*, (plaisir désintéressé, dira Jouffroy)— *l'infini présenté comme fini*, c'est-à-dire la conciliation, *l'unification* en une œuvre de l'activité consciente et de l'activité inconsciente.

Accord cherché, *harmonie* réalisée, ainsi s'exprime Hegel. « Le Beau, c'est l'essence réalisée, l'activité conforme à son but et identifiée avec lui : c'est la force qui se déploie harmonieusement sous nos yeux, au sein des existences, et qui efface elle-même les contradictions de sa nature : heureuse, libre, pleine de sérénité au milieu même de la souffrance et de la douleur ». Harmonie de lois et suprême nécessité interne, *compréhension absolue de toutes les réalités* réalisant l'accord de la sensibilité et de la raison, avait observé Schiller, ce voyant.

Significatives en esthétique générale, ces définitions de philosophes deviennent d'un synthétisme un peu vague restreintes à la kallistique, c'est-à-dire à la recherche du Beau dans les seuls arts figuratifs. En pareille thèse, il importe moins, en effet, de scruter les causes du Beau que de préciser les signes par lesquels il se manifeste. Sans rompre avec le subjectif, il faut donner une grande importance à l'étude des Lois d'Harmonie qui régissent la nature et à l'étude comparée des chefs-d'œuvre dont la magnifique suite forme la Tradition. On s'aperçoit alors que, malgré leurs divergences d'interprétations, leur opulente variété, les Maîtres, — ces hypostases d'un même Tout, — ont procédé d'après des lois identiques et, plus on dissèque leurs compositions, plus on en reconnaît l'homologie.

Parallèlement, interroge-t-on l'Œuvre du Créateur ?

on constate que tout ce qui peut évoquer le Beau à nos yeux, forme humaine, forme inorganique, obéit aux lois d'Harmonie (vides équilibrés par des pleins, rythmes qu'unit une arabesque, combinaison, conciliation de contraires en une auguste unité. (1) Or, de l'ordre physique, archétype suprême d'Harmonie, tout se déduit par analogie. L'œuvre d'art, réduction à l'infime échelle humaine du plan de l'œuvre divine, ne dégagera du Beau (et les pages géniales subsidiarisent ce dire) que si d'abord elle est tectonisée selon les dites lois d'Harmonie.

Précisons : simplifier en supprimant l'inutile n'est pas arranger eumétriquement(2), l'harmonie ne sera pas obtenue dans une composition par le seul respect des proportions des figures, mais par la correspondance de *toutes* les lignes entre elles, leur équilibre parfait. « L'Harmonie, explique Hegel, est un rapport entre des éléments divers formant une totalité, et dont les différences qui sont des différences de qualité, ont leur principe dans l'essence de la chose même. Ce rapport, qui contient celui de conformité à une loi, et qui laisse derrière lui la simple égalité ou la répétition alternative, est tel que les différences entre les éléments n'apparaissent pas seulement comme différences et comme opposition, mais comme formant une unité dont tous les termes s'accordent intérieurement. Cet accord constitue l'harmonie. » Lamennais conclut aussi que l'Harmonie montre *la variété dans l'unité*. « Car l'idée d'harmonie renferme

---

(1) En tout se remarque l'application de ces lois : en le squelette humain, où la ligne des épaules est balancée par celle du bassin ; en le squelette des arbres, où les attaches des branches se présentent correspondantes plus que souvent symétrique ; jusqu'en le réseau veineux des plantes et des feuilles, jusqu'en la structure des stalactites. Et un site nous frappe d'autant plus d'admiration que ses lignes s'équilibrent heureusement.

(2) Bien en proportions.

celle d'au moins deux termes et de leur union ». L'artiste ne cherche pas seulement la statique de ses linéatures, son instinct le pousse à l'unité, il s'efforce de synthétiser, de relier par une arabesque, d'élever tout ce qu'il trace du particulier au général. Plus il fera simple, plus il impressionnera, il le sait intuitivement. Et c'est parce que l'harmonie est Unité qu'elle frappe plus spontanément dans l'œuvre dessinée que dans l'œuvre écrite. Une peinture, un modelage offrant un ensemble au regard, on en saisit d'un coup l'unité (1), on pense après; le contraire se produit quant à l'unité du livre. Pour les raisons qui précèdent, nous appellerons l'Harmonie un facteur du Beau.

L'idéalisation en est un autre, — et plus évocateur, car il peut y avoir harmonie sans idéalisation, jamais idéalisation sans harmonie, puisque l'idéalisateur rapproche un type de l'archétype. Ceci nous amène à cette passionnante discussion de la belle forme. Les artistes y attachent une importance extrême, pour cause. Le profane n'imagine guère ce que coûte d'efforts l'action de faire surgir son rêve du modèle, de fusionner en un tout eumétrique ce qu'on sent avec ce qu'on voit. Saisir la forme, cette succession de plans qui fuient, selon le mot expressif du sculpteur Pézieux, saisir la forme et la fixer par un galbe *idéal!* duel dont rien ne peut donner l'idée, sinon la lutte symbolique de Jacob avec l'ange. Légitimement donc, l'artiste qualifie d'œuvre intensément belle celle aux lignes suaves; avant de l'imiter, le kallisticien, en garde, de par son rôle, contre toute confusion, doit se demander ce qu'est la belle forme.

---

(1) De même, devant les spectacles de la nature. Un paysage nous impressionne plus bellement aux heures indécises du matin et du soir, parce qu'alors l'œil ne perçoit que les grandes masses, qu'une imposante unité, affective en raison du schéma de la ligne qui l'arabesque sur le ciel.

Une forme seulement élégante (formosité) ne donnant guère que du joli, il paraît plus logique d'entendre par belle forme (pulchritude) celle dont les proportions sont d'abord construites harmoniquement. Plotin, je le sais, pensait que la proportion n'est pas la beauté même, qu'elle emprunte elle-même sa beauté à un principe supérieur : la Forme. Mais, par Forme, il entendait *essence* et *puissance* (eidos, logos, morphè), ce que Saint-Paul appelle *corps spirituel* et la scolastique le révélateur de la Substance. Or, cette forme *formante* qui relie entre elles les diverses parties de la matière et les coordonne en une Unité, cette forme (morphè) qui est comme l'aponévrose de l'âme, l'artiste ne peut la traduire que par l'idéalisation, laquelle implique synthèse plus qu'élégance, ou si l'on préfère, synthèse avant élégance. Et s'il sait établir en mesure les proportions de ses personnages, ne saura-t-il pas toujours les cerner d'un contour épuré? Puvis de Chavannes nous en fournit l'exemple, comme il rachète par la construction et la ligne une forme trop souvent barbare! Donc, sans forme élégante, le Beau, pour ne pas être aussi bien écrit, n'en sera pas moins obtenu, surtout dans le portrait. « Toute figure humaine, soutient Duchenne (de Boulogne), peut devenir *moralement* belle par la peinture fidèle des émotions de l'âme ». Paroles de physiologiste qu'il serait excessif d'accepter en toute leur rigueur, reconnaissons que telle face s'ennoblit par la méditation, telle autre par une austérité sainte, une vieillesse digne. (*Cardinal Bentivoglio* de Van-Dyck, *Richelieu* de Ph. de Champaigne, *Bossuet* de Coysevox, certains Holbein, certains Rembrandt et tant de dessins du Vinci).

C'est l'irrespect des proportions qui rend impossible

le Beau, irrespect que rien ne peut excuser, irrespect proche du blasphème. La forme humaine par laquelle le Verbe se manifeste à l'homme, cette forme que N. S Jésus-Christ lava de sa souillure originelle, ah! la structure doit en être sacrée à l'artiste. D'autant plus sacrée qu'il émine à la Maîtrise, car alors il a charge d'âmes, il ne faut pas que des mal conformés puissent s'autoriser de ses négligences pour excuser leurs avortements. Et puis, pour n'être pas l'imitation des choses, l'art n'en doit pas moins suivre avec logique leur ordonnancement. La plastique étant avant tout l'interprétation du corps humain, aux lois qui régissent cette plastique se subordonne l'idée et, à ce sujet, M. Taine s'écrie avec raison : « toujours un art s'abaisse quand, laissant de côté les moyens d'intéresser qui lui sont propres, il emprunte ceux d'un autre art ».

Qui ne peut traduire ses sentiments, évoquer, émouvoir avec les seules ressources du figuratisme, qui ne parvient à symboliser ses rêves qu'au détriment de l'Harmonie se raye du rang des artistes. Non, l'idéisme n'autorise pas le dédain de la belle forme ; si, matériellement reproduite, elle ne communique qu'une sensation agréable, séduisant sans retenir ; idéalisée, elle rend le Beau plus sensible. Alors la chair devient vraiment « l'enveloppe de l'esprit », selon la gentille expression de Lamennais, et ne peut suggérer que des pensées immaculées, par quoi le nu est chaste. Nul art sans choix, ne l'oublions point. Platon enseigne que le sage s'essaye à mettre l'harmonie dans son corps et dans son âme, afin que la beauté de l'un soit l'emblème de la beauté de l'autre. Ne serait-il pas esthétique de poser comme postulat que les beautés morales, l'aristie, le ptérien, ne peuvent s'incarner qu'en un corps eurythmique ?

Les esthéticiens ont injustement négligé deux autres facteurs du Beau : l'expression faciale et la lumière. Cette spiritualité d'un être, inexprimable par le geste ou l'attitude, un visage l'extériorise et, picturalement, le regard suffirait. Voyez le *St-Jean Baptiste* du Vinci, ses yeux reflètent la candeur de son âme. Poussin diadéma d'un œil la femme qui, dans son portrait, allégorise la beauté plastique. Enfin, parce qu'intangible et amorphe, la Lumière, plus mystérieusement que la ligne, met en communication avec l'Invisible, avec l'Inconnu. Elle aussi manifeste le Verbe. Raphaël en a merveilleusement usé dans sa *Transfiguration*, Rembrandt lui doit ses effets les plus troublants (*Annonciation aux bergers*, *Pèlerins d'Emmaüs*, *Résurrection de Lazare*). Quant à la couleur, lumière de la beauté, selon l'expression plus littéraire que congruente de Beulé, elle ne peut que concourir à l'harmonie, parer de grâce les lignes.

* * *

Ces principes posés en théorèmes, on se heurte à la nécessité de distinguer entre le Beau et le Sublime. En effet, une œuvre ne projette pas du Beau par cela seul que sa signification *étendue* nous transporte au dessus de la matière, fluidise non pas nos sensations seules, mais nos sentiments, le meilleur de notre moi ; bref, par cela seul qu'elle est d'art. *L'en-plus* d'un thème peut ne causer que du sublime ou du mystérieux. Superterrestriser n'implique pas ascension de l'esprit vers Dieu, entre le terrestre et le divin, il y a le rêve. Entre l'Angelico et Jordaens, Corot. Parmi les toiles et les marbres provoquant un éréthisme cérébral (1), beaucoup plus sont haschich qu'encens liturgique.

Selon Kant, les idées du sublime ne représentent dans la nature aucune forme particulière, elles consistent dans un certain usage supérieur que l'imagination fait de ses représentations. « Le beau, théorise le criticiste du jugement, nous prépare à aimer quelque chose, même la nature, sans intérêt ; le sublime est ce qui peut être conçu sans révéler une faculté de l'esprit qui surpasse toute mesure des sens ». Sentiment incompatible avec toute espèce de charmes. Aussi ajoute-t-il : « Comme l'esprit ne s'y sent pas seulement attiré par l'objet mais aussi repoussé, cette satisfaction est moins un plaisir positif qu'un sentiment d'admiration ou de respect, c'est-à-dire pour lui donner le nom qu'elle mérite, un plaisir négatif ». Jouffroy me paraît résumer avec une heureuse clarté les philosophèmes des esthéticiens lorsqu'il définit le Beau : *la puissance heureuse, l'activité couronnée de succès.*

De l'œuvre qui nous donne à contempler la Sérénité, la Béatitude, la superbe Eurythmie ou quelque majestueuse incarnation du spirituel, de cet œuvre efflue un indicible faisant *Voir* au delà des réalités visibles, nous ouvrant une échappée sur l'Infini. Proternons-nous, c'est le Beau. Le Sublime exprime le terrestre au superlatif du grandiose, mais il n'exprime que le terrestre. Sublime sous-entend action, passion, sacrifice de soi-même ; c'est l'homme en proie à ses instincts, grandi par son énergie, son labeur, sa générosité, touchant par

---

(1) Qu'on appelle *beautés* ces effluves d'une œuvre, par quoi nous la reconnaissons *œuvre d'art*, j'y souscris ; mais ces beautés étant hétérogènes, je ne les puis confondre avec le Beau, dont les manifestations ne peuvent être que *consubstantielles.*

ses infortunes; la puissance qui lutte, ahane et parfois succombe, accablée, victime du Destin ou s'offrant en Hostie. « Un caractère, discerne Jouffroy, n'est pas beau quand il lutte, il est beau quand il triomphe; un caractère n'est pas sublime quand il triomphe, il est sublime quand il lutte. »

Le Beau imprègne d'ineffable s'il n'extasie, par lui, nous communions avec le surhumain, il suscite l'Adoration. Le Sublime suscite l'Admiration, il affecte et enthousiasme, par lui, nous communions avec l'Humain, Ravir par l'augustesse ou le virginal d'une figure idéale, par la splendeur, la mysticité d'un état d'âme ou par l'harmonie calme des lignes, la noblesse quiète des attitudes, voilà le Beau.

Émouvoir par le spectacle d'une affliction, d'un dévouement, d'un martyre, des outrages et navrances subis par le Messie pour notre salut, des misères d'ici-bas, ou par l'exaspération d'une souffrance éprouvable par tous les mortels, voilà le Sublime.

Sans l'auréole du Beau ou du Sublime, l'artiste enfante encore maints chefs-d'œuvre, ceux d'ordre *décoratif* et ceux d'ordre *caractériste* (1); l'important, c'est qu'il émeuve. La présence réelle du Beau illumine les créations de Phidias, de Lionardo et de Botticelli, révélateurs par excellence. Michel-Ange, en son prodigieux *Moïse*, sa *création de l'homme*, sa *vierge à l'enfant*, Poussin en la *Cène*, l'allégorie du *Temps* et *le triomphe de Flore*, ascendent au Beau; ils atteignent le Sublime, le premier dans *le Jugement dernier*, *Laurent de Médi-*

---

(1) En l'idéalisation l'individu disparaît pour faire place à l'être, alors la forme humaine peut ennaturer l'abstrait, exprimer, tout au moins, l'individualité *spirituelle* d'une personnalité. Le caractérisme, n'en exprimant que l'individualité *morale*, représente indifféremment le beau et le laid.

cis, *la Nuit*, le second dans *le Déluge* et *l'enlèvement des Sabines*. Ailleurs, ils ne dépassent guère le décoratif que, du reste, ils apogéisent. La force que représente *la pièce aux cent florins* n'est encore qu'une force agissante, en outre, on ne voit autour de notre divin Sauveur que des *individualités*, et des individualités souffrantes, ce qui empêche toute idéalisation, toute sérénité ; nous dirons belle, au contraire, *la résurrection de Lazare*, où la force, ayant agi, triomphe, et dans quelle apothéose de lumière ! Dürer, Rembrandt, Zurbaran, Delacroix, Millet, Constantin Meunier tiennent le premier rang parmi les interprètes du Sublime, aucun plasticisme n'a écrit avec tant de véhémence ce que l'homme a de misérable et de grand.

Une œuvre n'essore vers le Beau qu'autant qu'elle plane au dessus du transitoire ; ainsi messied-il de trop contester l'importance du sujet, car le choix de certains sujets témoigne déjà d'une intellectualité peu commune et la faculté de réaliser du Beau ne peut siéger qu'en notre esprit. Celui qui s'inspire d'un passage de la Bible ou de tel concept transcendantal, celui qui cherche dans les beautés matérielles ces symboles de la beauté morale chers à Reid, celui-là ne rayonne-t-il pas — à mérite technique égal — plus de beau que l'iconopoète d'un simple nu ? De deux ouvrages s'équivalant par des qualités d'art, le plus beau ne sera-t-il pas celui hommage à Dieu, celui purificateur par les pensées qu'il essaime, l'atmosphère de poésie ou de moralité qu'il dégage ? Ainsi une hiérarchie se peut dresser, *la Cène* du Vinci apparait supérieure au *Printemps* de Botticelli, *la Dispute du St-Sacrement* à *l'École d'Athènes*, l'*Assomption* du Titien au *Triomphe de Venise*, l'*Annonciation* de Dürer à *l'âge d'or* d'Ingres, *l'enfance de Ste-Geneviève* au *Bois sacré*, et telle madone des Quattrocentisti à la *Diane* de Jean Goujon, à la *Psyché* de Canova.

Cependant, suffira-t-il que l'artiste obéisse aux Normes, en technicien expert et de goût, pour qu'il œuvre bellement? Les faits proclament la négative. Combien infinitésimale la somme de Beau *visible* émanant des travaux de Baudry et de MM. Guillaume et Dubois! Pour compléter le produit que nous appelons Beau, il manque un dernier facteur, le plus important, le vrai géniteur, et celui-là, nul exégète ne l'indique du doigt sur l'œuvre. Il faut alors reconnaître que l'artiste ne radie pas le Beau parce qu'il tâche d'idéaliser, mais qu'il idéalise parce qu'il a déjà en soi la virtualité du Beau,
« *Le type originel de cette beauté fière.*
« *Dont l'attrait vers le ciel doit nous emporter tous.* » (1)

De là à nier, comme Kant, la réalité objective du Beau, il y a loin. Si le Beau n'était que subjectif, l'artiste œuvrerait avec les seules ressources de son esprit, or il n'en est rien, sans le secours du modèle et de la nature, l'inspiration ne crée que de l'à peu-près. Au contraire, servi par un corps admirable, (car il s'en trouve) un seulement habile peut donner l'illusion du Beau, cas arrivé parfois à un M. Henner, à un M. Falguière. La beauté est forme, remarque Schiller, « sans doute, puisque nous la contemplons; mais elle est également vie, puisque nous la sentons. » Affirmons donc que les éléments du Beau se trouvent dans la Nature (2), plus ou moins ésotériquement écrits; à l'artiste de les y lire, et s'il les révèle assemblés en une œuvre, il est grand devant les hommes.

Ainsi communions-nous avec le Beau, incités, non

---

(1) Michel-Ange (poésies).

(2) Les lignes d'un paysage, si elles s'équilibrent harmonieusement dans l'espace, par cela seul dégagent du beau.

par le sensible de l'œuvre, mais par son supra-sensible, le percevant par intuition. Ce Beau qui nous anagogise ou nous charme, qui prend en quelque sorte ascendant astral sur notre moi, ce Beau dépend moins du talent de l'interprète que de sa force de projection psychique. Il n'en imprègne pas son motif exprès, le plus souvent li ignore les lois auxquelles obéissent et son âme et sa main ; son vouloir s'arrête à l'harmonisation des linéatures, à la tectonie (1) normale des formes.

Ce Beau, est-ce une parcelle du Beau absolu immanent en Dieu ? une initiation de l'esprit évadé de la matière pendant quelque extase ? n'est-ce qu'une atmosphère créée par l'esthésie paroxysmée de l'artiste et dont il enveloppe, dont il baigne son modèle ? Qu'importe ? A quoi bon peiner à pénétrer le mystère du Beau ? Y vibrer est déjà une Grâce ! Tiède foi que celle qui a besoin de s'expliquer les miracles.

Et parce que c'est un peu de son *Mens* que l'artiste transsubstantie en sa toile ou son marbre, l'œuvre belle ne peut être qu'originale. On ne saurait décemment sacrer de pulchritude les meilleures pages des réminiscents et des imitateurs. Je le ressasse avec un vif désir de terminer un malentendu néfaste, si le Beau n'est pas sans le respect des lois d'Harmonie, il y a, pour interpréter ces lois — guide et non joug — autant de manières qu'il existe de tempéraments. Ce sont les instituts et les cénacles qui menacent d'entraver l'art par leurs formules arbitraires.

Ce que ne peuvent expliquer la science ni la philosophie, l'art l'évoque ; il répond à ce besoin, plus ou moins développé chez l'homme, mais jamais absent, d'oublier la fange terrestre dans la contemplation de l'Ethéré, du magnanime, de l'eurythmique. Il sied donc

---

(1) Tectonie, construction, architecture.

que l'artiste, s'il tient à produire autre chose que de la décoration, proscrive l'inharmonique et l'absurde : le laid puisque difforme, le vulgaire puisque inexpressif, et le quelconque parce que banal, même lorsque joli. L'art, ce n'est pas le correct, d'accord, mais c'est bien moins encore l'incorrect ; entre ces deux pôles, il y a place pour le dessin des maîtres. Au dessus des dessins, ces styles de l'écriture plastique, il y a le DESSIN, le Dessin qui lie à la Tradition, le dessin, c'est-à-dire encore et toujours la Mesure, dont l'altissime Vinci faisait la base de son enseignement, les Proportions, qu'il appelait « les divines proportions ». Et l'on ne me persuadera point qu'ils aiment leur art d'amour désintéressé ceux qui ne l'approfondissent jusqu'en ses aridités.

Deux arts, à jamais fameux entre tous, magnifièrent le Beau. *L'Ilissus*, *le Thésée*, voilà le Beau par la seule harmonie formelle, par la chair *idéalisée*. Le *St-Jean-Baptiste* du Vinci, qui rachète sa plastique moins impeccable par le divin de son visage, la *Vierge mère* de Botticelli, c'est le Beau par la chair *transfigurée*. En le *Zeus* de Phidias, la force resplendit ; *le couronnement de la Vierge* de Fra Angelico, *l'Adoration de l'agneau* des Van Eyck offrent en plus la béatitude. Et voilà ce qui suprématise l'art chrétien, il a soulevé le voile de l'objectif, nous a fait nous mirer dans le spirituel. Indifférent au désespoir, l'hellénisme bannit le passionnel et tout élément du sublime; art de jouisseurs égoïstes, à peu près tout de surface, il enchante mais n'émeut point. Les dieux du paganisme restent des mâles; ses déesses, sauf la Minerve, appellent le baiser. nulle part l'esprit ne dompte les sens, la belle santé corporelle passe avant l'eucrasie psychique. *Le supplice de*

Marsyas, le groupe du *Laocoon*, *le taureau Farnèse* (ces deux derniers, d'ailleurs, de la décadence), constituent de très rares exceptions.

Les Grecs n'ont montré que l'âme de la Nature, les Chrétiens ont montré celle de l'homme, cette âme sans laquelle, a dit Schelling, « le monde moral ressemblerait à la nature privée de Soleil ». Les Grecs n'avaient vu dans l'être que le décoratif, les Chrétiens y découvrirent le chevaleresque. Le Beau chez les Grecs est un peu trop l'impassible, une beauté de brute supérieure. Le Beau chez les Chrétiens ne se déshumanise jamais, même sanctifié ; car ayant pour Muse la Religion qui console et irrore d'Espérance, nourris d'une éthique plus pure, ils connurent la miséricorde, compatirent à l'affliction, vibrèrent à la douleur, introduisirent dans le figuratisme la pitié et la piété. Nos larmes expiatrices, les souffrances qui rachètent nos péchés, ils en comprirent la sublimité et, par ses passions même, superterrestrisèrent l'homme.

Oh ! les Hellènes chef-d'œuvrèrent magnifiquement, le Parthénon est un Poème qui exalte le génie de l'homme, ils ont exprimé Euruthmia et Charis, c'est vrai ; mais les chrétiens, eux, ont exprimé l'Amour, le Tout-Amour, l'Eucharistie, ils firent de l'art une *langue divine* et leurs cathédrales chantent la gloire de Dieu ! Hésiteras-tu à décerner la palme, lecteur civilisé ? C'est auprès de nos vénérables ancêtres qu'il convient de se retremper, c'est la lumière qui les illumina qu'il faut implorer du Très-Haut. Ah ! ne tentons pas une interprétation nouvelle de l'Art hors des lois d'Harmonie, surtout n'en excluons pas la recherche du Beau. Radieusement formel, un nu sera toujours moderne. Est toujours neuf qui manifeste une ipséité.

CHAPITRE XV.

L'ÉDUCATION ESTHÉTIQUE

> C'est de l'état esthétique seulement, et non de l'état
> physique, que l'état moral peut se développer.
> *Schiller.*

Il semble hyperbolique de soutenir que rarement fut époque plus défavorable à l'Art, l'État ne le protège-t-il ? et l'aristocratie ne se presse-t-elle aux expositions ? On ne considère pas assez que la protection officielle limite ses faveurs en dépit de l'équité, et que la mode seule dicte l'engouement des gens du monde, ces cabotins de l'enthousiasme. A la vérité, le goût public est perverti ; je n'en veux pour preuves que la manière dont nos contemporains ornent leurs foyers et leurs personnes. Assistons-nous à quelque crise de civilisation, à quelque ménopause sociale, ou à l'agonie d'une race ? chose difficilement affirmable ; le certain, c'est que l'ambiance ne souffre pas du daltonisme sensitif par cause originelle mais parce qu'elle subit l'influence malement saturnienne du démocratisme. Pourquoi ne pas chercher quelque antipsorique ? Combat-on la gale par de fastidieuses plaintes ?

Il manque encore, entre autres institutions propres à perfectionner la culture esthétique des artistes et des amoureux d'art, un musée de reproductions.

D'abord, il n'appartient qu'à quelques uns de pèleriner aux merveilles éparpillées à travers l'Europe, ensuite, rien de plus incertain que la conservation des édifices et surtout des peintures ; que de fresques perdues par l'incurie administrative! que de toiles gâtées, de marbres travestis par les Calibans de la restauration, bourreaux dignes du dernier supplice. Comme en cette société maudite abondent les illogismes! Un écrivain, par les bibliothèques publiques, peut connaître gratis les philosophes, les historiens, les littérateurs de tous temps et de tous pays; un artiste désireux de quelque érudition, s'il ne possède une grosse fortune, se trouve réduit aux galeries d'un musée. Or, quelle riche collection vaut, pour l'étude, une vue d'ensemble ?

Quelle navrance pour l'esthète, en dévotions au Louvre, de ne pouvoir admirer des Épomymes préférés que quelques reliques. Savoir qu'il existe *la Cène* de Sainte Marie des Grâces, et n'en point avoir d'épreuve à contempler après une oraison devant *la Sainte Anne!* Oh! voir réunis, pour notre piété, tout l'œuvre du Vinci, tout l'œuvre de Rembrandt! *Connaître* enfin nos statuaires du xiiime siècle! ne rien ignorer des inspirés du xvme! De Botticelli à Raphaël, de Memling à Rubens, suivre le développement du sens de la composition, passer en revue les moindres esquisses de ces trouveurs d'attitudes et de rythmes! C'est en comparant les recherches des Maîtres qu'on assure son goût, qu'on apprend à marcher au Beau.

Le musée de copies rêvé par Charles Blanc! et comment le créer? Quelle main humaine a jamais reproduit fidèlement une peinture; le travail des dessous joue un rôle trop considérable; d'autre part, voyons-nous un seul tableau tel que son auteur le peignit? le temps n'y a-t-il pas ajouté sa mystérieuse collaboration? qui peut en dire les effets? Dès lors, pourquoi s'évertuer à saisir des tonalités non initiales? Et de quel droit?

D'ailleurs, ce qui, dans une toile, suscite le respect ou la vénération, ce n'est pas la magie du coloris mais l'harmonie des formes, des valeurs et de l'arrangement. Ainsi s'éprouve la Maîtrise. De même qu'une femme ne se révèle vraiment belle que dépouillée de l'artifice des toilettes, de même, la pulchritude de l'œuvre peinte ne se dévoile majestueuse que lorsque la séduction des teintes ne distrait plus, ne captive plus l'attention. Combien alors l'esprit est frappé par tout ce que peut exprimer un geste! comme l'âme saisit les émotionnantes ressources du langage des lignes! comme l'Art du Dessin paraît superbe et suprême!

Les contours et les valeurs, on sait avec quelle scrupuleuse exactitude les traduit un cliché aux artistes retouches. Mais, quoique moins onéreuses que les voyages, les reproductions ne se collectionnent pas aisément. On est mal pour les étudier devant les vitrines de Braun ou de la rue Bonaparte, plus mal pour en jouir et les *retenir*. La création d'un musée de photographies et de gravures, corrélatif de celui des moulages du Trocadéro, (intéressant encore qu'incomplet) serait fort appréciée du monde artiste, voire du public, de plus en plus friand de documents.

Comme on réunit en bibliothèques les éditions des œuvres élevées à la gloire du Verbe; de même il sied de colliger en pinacothèques les reproductions des pages géniales tracées à la gloire de l'Art.

L'idéal programme de culture esthétique par Schiller

dressé, possiblement applicable aux artistes, comment conviendrait-il à la collectivité? Rien ne l'y a préparée. Le système éducatif en vigueur néglige trop ce qui peut élever l'âme; sous prétexte de former une génération pratique, on cultive la matérialité, on développe à l'excès le prosaïsme et, visant à produire des utilitaires, on récolte des incroyants et des égoïstes. Ils nous la baillent belle avec leur hygiène corporelle, labarum du béotisme moderne! — et la psychique? et la cérébrale? « Une joie infinie est perdue pour le monde, a dit Channing, faute de cultiver le sentiment du Beau. »

Si tout enseignement supérieur comportait l'étude esthétique, — et le respect, sinon l'amour du Beau s'inculque comme celui du Bien, — verrait-on des ingénieurs, des fonctionnaires publics commettre des actes d'iconoclastie ou de vandalisme au nom du progrès? des prêtres applaudir à la destruction d'un temple antique, parce que païen? N'est-ce point une honte qu'un intellectif capable de dialectique et déhiscent à l'Abstrait disserte bourgeoisement sur les choses d'art, n'admire que par procuration, n'acquiert que les œuvres sigillées par l'âge ou admises par le bon ton!

Si la conversion du public actuel ne se peut espérer, reste l'enfance, — l'enfance! argile tant malléable entre les mains d'éducateurs à la hauteur de leur mission! Mais alors, puisque la famille ne saurait donner cette éducation réformatrice, voilà donc nécessaire l'intervention de l'État; or, qu'attendre de bon de l'État, reflet de la société? Un gouvernement autoritaire, — les mieux organisateurs jusqu'à présent, — restituerait le goût à la race par intussusception, en recrutant parmi les Esthètes les professeurs spéciaux, en réglementant la coupe des vêtures, la fabrication des objets d'art industriel, la décoration des cités. Mais avec le bottomisme régnant, aux ineptes méthodes pédagogiques, un seul moyen se présente de tourner le dilemne : spiritualiser le sensationnalisme par l'éducation de l'œil, provoquer le sens du goût par la contemplation du Beau.

Que dans tous les lycées, dans les moindres écoles, soient placées les reproductions des tableaux, des statues, des monuments augustes ; que les livres d'études soient le plus possible illustrés, les murs fresqués idéographiquement ; bref, d'une geôle, transformez la classe en musée, rien d'éloquent comme une belle œuvre !

De même que l'être élevé dans le spectacle de la vertu nourrit l'horreur du vice, de même celui habitué aux formes pures insuporte la vue du banal ou du laid. Malgré le retour dans la famille, l'entrée dans la société, l'aspir et le respir des préjugés pollutionnels, il resterait des primes années vécues dans l'atmosphère purifiante et pacifiante du Beau une ineffaçable impression, dont l'influence s'exercerait notoire sur les descendants. Soutenir qu'une telle culture moraliserait, non sans doute, (ou si peu !) — et tout autre son rôle — mais elle inciterait à obéir aux lois d'Harmonie, ce qui ne fut jamais obstacle aux nobles penchants. Du moins augmenterait-elle le nombre des rares sachant discerner le distingué du joli et l'original du baroque.

Parallèlement, plutôt que de bourrer d'indigestes vulgarisations les fils des prolétaires, au lieu de les pousser à l'illusoire conquête du certificat d'études ; gratifiez-les de la dose d'esthétique corollaire de tout enseignement technique. Éveillez, désenganguez leur goût, plus tard, incontestablement, leur travail d'homme s'en ressentira.

Ainsi aiderez-vous à rendre au producteur manuel l'amour de son métier, ainsi sauverez-vous d'un désastre nos industries d'art.

Poussons la supposition jusqu'en ses dernières conséquences. Le jour où les fabricants ne trouveraient à employer que des artisans ainsi préparés, tout ouvrage ornemental ne s'élégantiserait-il? et qui contestera qu'une telle transformation ne contribue puissamment à affiner la masse?

Débarbariser le peuple! sans doute, une telle palingénésie sociale ne s'accomplit qu'avec les siècles, mais oser l'entreprendre suffirait à l'illustration d'une époque. Un peuple n'est civilisé que lorsqu'il croit au Saint et vibre au Beau, quoi qu'en objurguent quelques austères, on n'esthétisera jamais trop une nation; n'oublions pas cette haute pensée de Schiller : « Quand le genre humain perd sa dignité, c'est l'art qui la sauve. »

Lois d'Harmonie, Normes trois fois sacrées! Jadis en haute vénération, aujourd'hui méconnues... Qui remettra votre culte en honneur? Mais qui désillera les yeux des êtres que l'esprit de mensonge entraîne à déserter les autels du Très-Haut?

FIN

Imprimerie Girard, 8, rue Jacquier.

IMPRIMERIE E. GIRARD

8, RUE JACQUIER, 8.

*Spécialité de petites éditions d'amateurs. — **Caractères elzéviriens**. — Tirages sur papiers de luxe. — **Belle collection de vignettes, culs-de-lampe & têtes de chapitres.***

NOS ÉDITIONS

Declareuil (J.) Prestiges, poésies. 1re édition tirée à 195 ex. 3 vélin, 25 fr. — 13 japon français vert clair, 16 fr. — 27 vergé des Vosges, 6 fr. — 150 pap. fort teinté, 3 fr.

De Gourmont (R.) Lilith 1re édition (presque épuisée) tirée à 133 ex. numérotés et signés par l'auteur. Vergé des Vosges, 10 fr. — pap. fort teinté, 5 fr.

2me édition. Pap. fort teinté, 3 fr.

Germain. (Alph.) Pour le Beau. 1re édition tirée à 200 ex. numérotés. Volume orné d'une eau-forte d'Alexandre Séon. 5 japon impérial, 20 fr. — 20 vergé des Vosges, 12 fr. — 175 pap. fort teinté, 3 fr.

POUR PARAITRE SUCCESSIVEMENT

Vieux Saxe, par Henri Mazel.
La Légende rouge, par P.-N. Roinard.
Le Cantique des cantiques, par le même.
Les Miroirs, par le même.
Les fiancées (de Beddoes), adaptation par Ch.-H. Hirsch.
La Cité choisie, par Charles Morice.
L'Illusion (roman), par Abel Pelletier.
Poèmes hindous, par Manuel Sayf.
Sur le vif créole, par le même.
Tête rase, par Edmond Coutances.
Les Esclaves, par le même.

www.ingramcontent.com/pod-product-compliance
Lightning Source LLC
Chambersburg PA
CBHW060205100426
42744CB00007B/1171